大野狼的餐桌

陶樂蒂

文·圖

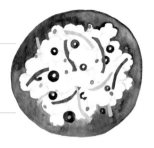

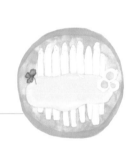

HAPPY BIRTHDAY

因為，我想畫好吃的食譜，分享給大家

陶樂蒂

　　一切的緣起，都是因為我想畫好吃的食譜。從小我很愛偷看媽媽的食譜，因為那是家裡少數的彩色書，食譜上除了照片，偶爾還會有幾張食物的插畫，我覺得那些插畫非常漂亮，一直都想畫出像那樣的圖畫。

　　我的創作多數是兒童繪本，偶爾出現食物插畫，但都是因應故事所需而繪製。直到二〇一六年的創作展，我才第一次畫了十頁的手繪食譜，每一頁包含一道菜、食材和料理步驟，還有一隻碎碎念的大野狼。我把那本書叫做《大野狼的好（ㄏㄠˋ）吃食譜》，裡面的菜色都是我平常招待親友的料理，做法不算困難，而且有些異國風情。當初選擇這些菜色，是因為覺得西式菜餚容易上手，刀工、火候可以不那麼講究，成功的機率也比較高，就算最後的成果不一樣，還可以用「想像力」彌補不足。

　　展出後收到讀者的回饋，並受到鼓舞。覺得「大野狼」是個不錯的靈感來源，一聽到大野狼，人們就會自動聯想到小紅帽、三隻小豬，或是七隻小羊等童話角色，很通俗，可用的素材也不少，於是我從二〇一七年開始試寫，前期的寫作不太順利，還好最後總算能去蕪存菁，讓大野狼在

迷霧森林中走出自己的方向。《大野狼的餐桌》是一本療癒的圖文故事書，惡名昭彰的大野狼要如何贏得森林動物的信任？動物們又在大野狼的餐桌上發生了什麼故事？書中每一章都是獨立的故事，各自有不同的童話角色登場，每則故事附帶兩至三道料理，我將料理的作法步驟用圖畫畫出來，讓讀者可以很容易的跟著做。

書中每道菜皆經過反覆試做、記錄和書寫，為了正確記下分量和分解步驟，因此畫圖的工期很長，幾乎用掉了一整年的時間，但工作的過程讓人滿足和愉快。食譜中有很多細節需要仔細描繪，我選用透明水彩來繪製，盡可能表現出「好吃」的效果。餐桌上的故事需要戲劇性和有氣氛的構圖，比較像在畫繪本，所以選擇濃烈飽滿的壓克力顏料在畫布上作畫。故事和食譜都完成之後，編輯們大概發現了我愛在社群軟體上發表議論，於是又提議要不要書寫故事背後的議題或想法。這些年，我深深了解到自己的創作靈感有很多都是源自於平常所關注和思考的事物，作品也常被冠上議題的標籤，所以「食材小知識」和「小公民想一想」也就這樣納入了《大野狼的餐桌》中。

煮食、烹飪現在已經是教育裡的一環，是很重要的知識和技能。小時候教我煮菜做飯的人是我的祖母，五歲的時候，她教我搓湯圓、認識菜園中的絲瓜哪朵是雄花，哪朵是雌花、撕地瓜葉；等我再大一點，她教我洗米、用電鍋、洗菜、切菜、開瓦

斯爐、烹煮和品嘗味道。但有件事非常奇妙，當我一一學會這些烹飪技能之後，我發現自己繼承到的家庭滋味是媽媽的味道，而不是祖母的。媽媽是職業婦女，上班的地方又很遠，但她承襲外公的習慣，每天清晨五點起床幫我們做便當，這樣子便當帶出門時還是熱騰騰的，就算忘了蒸熱，或是蒸飯箱壞掉都不會有影響，每日的晚餐也都是下班後現做的飯菜，這樣的生活習慣一直到我自己當了主婦之後，才知道有多辛苦、多不容易。但真正讓我難以忘懷的是那些從彩色食譜中變出來的年節大菜，我曾天真的以為擁有食譜就能擁有那樣的滋味，所以結婚時還把食譜偷偷的帶了過來，這些年我總算知道，不管食譜上的照片或技法有多厲害，都只是形貌，我真正吃到的、懷念的味道，都是「媽媽的味道」，是媽媽讓那些食譜變成了她的味道。

　　創作這本書的過程當中，我屢屢迷路，常感到茫然不知所措，所幸編輯們總是即時出手，給予我繼續創作的信心，也讓原本粗淺的食譜進化變身為現在所看到的《大野狼的餐桌》。這個創作的旅程有點漫長，最要感謝編輯們的指引和耐心等待，也謝謝美術設計給故事一個更好看的面貌。這是一本食物的療癒之書，假如其中有讓你欣賞或好奇的料理，也許你可以做做看，希望能做出屬於你自己的味道。

　　最後，很期待讀者們會喜歡這本書，就像我喜歡它一樣。

動手做菜、動腦思考

本書有好玩的翻轉童話，結合生活教育與公民教育，跟著書中的：「故事重點」、「故事」、「食譜」、「食材小知識」、「小公民想一想」一步步閱讀，養成思辨能力，成為關懷社會的小小公民。

故事重點

主要劇情

大野狼自己的下午茶

預先了解故事大概。

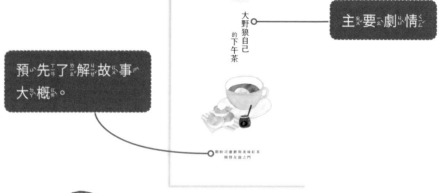

期前可讀翻與美味紅茶
開啟友誼之門

故事

進入童話世界，與小紅帽、三隻小豬等熟悉人物，發展前所未見的故事內容，親切又具新鮮感。

附注音，親子共讀，或孩子自己讀都適合。

童話故事中出現的食物，真的存在嗎？
親手實踐童話料理，帶你做出自己的
童話美食。

·食譜·

列出所需材料，
方便準備。

插圖與文字詳細解說。

·食材小知識·

·小公民想一想·

帶你認識臺灣食材。

討論故事延伸出的社會議題，設有提問，養成思辨能力。

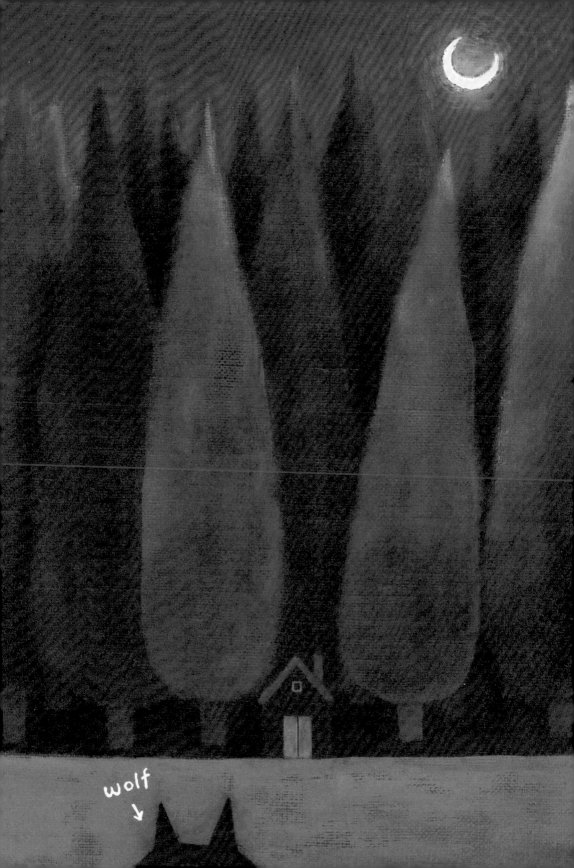

wolf

序章

　　微微的月光下，一個身影在森林裡踽踽獨行，他不像其他人那樣的警戒，只是像路過一樣，他的腳步聲甚至聽起來有點疲累，拖著步子的腳底擦過地上絲絨般的草尖，小蟲子驚嚇彈飛，新綠的草聞起來香香的。他終於停在一棟堅固的小屋前方，推開門進去。

　　大野狼回來了！

大野狼旅行過許多地方後，再次回到黑森林深處的家，漫長的旅程讓他覺得有些疲累，只想舒舒服服的窩在家裡。日子一天一天過去，平淡的日子讓他開始想找一些事情做，開一家溫馨的咖啡屋好像不錯？他想把他在旅途上吃到的美味，分享給黑森林的居民。大野狼開始幻想著未來悠閒而愉快的每一天……

大野狼自己的下午茶

期盼司康餅與美味紅茶
開啟友誼之門

大野狼

一轉眼，大野狼的咖啡屋已經開幕好幾個星期，始終沒有任何客人走進來，環繞著咖啡屋的森林裡，住了許多人與動物，比如說三隻小豬就住在西邊的森林，彼得和爺爺住在東邊，走過來也不用半小時，七隻小羊和獵人的家都在附近，更別提住在森林南邊的小紅帽的外婆、北邊的小紅帽家。可是，幾個星期以來，沒有任何人路過，真的，一個也沒有。咖啡屋開幕的明信片已經寄出去很久了，卻沒有任何人過來，只聽見風的聲音穿越森林，「咻——— 咻———咻———」的吹著。

又一個安靜的午後，大野狼獨自喝完了一壺濃濃的熱紅茶，烤得香噴噴、熱呼呼的司康餅早就涼了。司康餅絕對是大野狼咖啡屋的招牌點心，即使涼了也一樣好吃。大野狼只吃了半個，他毫無胃口，為什麼這樣美味的茶點，只有自己一個人孤單的享用？

　　太陽映照的角度開始偏斜，大野狼默默的將剩下的司康餅剝成碎屑，撒在花園的草地上，烏鴉們一湧而上，一陣搶食後，滿足的留下：「啊！啊！啊！好吃！好吃！啊！」的評語後離開了。

　　森林裡的居民們，雖然好奇，卻繼續裝作沒聽見、沒看見。

＼司康餅／

［材料］

· 中筋麵粉	450 公克	· 鹽	1 小撮
· 泡打粉	2 小匙	· 蛋	2 個
· 無鹽奶油	100 公克	· 牛奶	約 200 毫升
· 細糖	50 公克		

作法

❶ 將麵粉、糖、鹽、泡打粉一起過篩在大盆中。

❷ 放入奶油，用手將奶油和粉搓揉混合均勻，一方面讓空氣混入。

❸ 打蛋。

❹ 蛋打散並加入牛奶混合，總量要有 300 毫升。

❺ 倒入蛋奶液（留下一些備用）。

❻ 用切拌的方式將蛋奶液和乾粉拌勻。

❼ 最後用手拍成麵團。

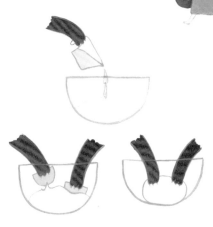

❽ 在砧板上撒上麵粉。

❾ 拍平麵團（保持 3 公分厚）。

❿ 用利刀切塊。

⓫ 放在鋪好烘焙紙的烤盤上，刷上剩餘的蛋奶液。

⓬ 放進已經預熱至 220℃的烤箱中，烤 20 ～ 25 分鐘。趁熱搭配濃縮奶油（Clotted Cream）、果醬食用。

* 烤箱可能因功能、機種不同，烘焙時，需按實際狀況調整烤箱預熱、烘烤的溫度和時間。

大野狼的美味紅茶

作法

❷ 茶葉放入茶壺中（1人1茶匙茶葉，最後可多加1匙的量），注入滾水。

❶ 燒開水。

1 min.

❸ 蓋上茶壺保溫套（Cozy），悶1～3分鐘。

❹ 用濾網過濾後注入茶杯。可以搭配檸檬薄片、牛奶或糖。

* 天冷時，可以加一小塊奶油。
** 天熱時，可以加薄荷葉、冰塊和蜂蜜。

茶

- 茶是臺灣的傳統飲料，從十九世紀開始就是重要的出口商品。

- 由於氣候、地形等條件十分適合茶樹的生長，知名的茶產地遍布全臺。

- 按照製作的發酵程度不同，大致可分為綠茶、烏龍茶和紅茶三大類。

- 原創的珍珠奶茶，近年來引領了全世界手搖飲的流行風潮。

- 茶含有咖啡因，小朋友不宜飲用過多。

人際互動與經營

❶ 大野狼想與人做朋友，可是因為大家的偏見，沒人敢接近他。大野狼就像是隔壁搬來的新鄰居，或是班上的新同學，剛到新環境，你覺得他們會不會也和大野狼一樣，害怕不受歡迎？或者被大家討厭呢？

我覺得：

❷ 如果你到了一個新環境，像是新的班級，面對新同學，感覺如何？是不是也會覺得害怕、害羞？還是會覺得興奮和開心呢？

我覺得：

❸ 如果班上來了新同學，你會怎麼做？主動與他說話？還是等他先開口？

我覺得：

❹ 偏見常常是因為不了解才發生的誤解，如果別人誤解了你，怎麼辦？你會直接跟他們解釋？還是和大野狼一樣，用自己拿手的事來改變別人的想法？或是尋求幫助呢？

我覺得：

第二章

森林露地的　手推車

變色魔力果汁
可以帶來一點改變嗎？

大野狼廚師

　　大野狼當然知道為什麼會這樣，都怪自己那些貪吃、長相又狠又壞的祖先，害他到現在仍背負惡名。「我明明就是世界上最愛好和平的大野狼呀！」大野狼心裡想著。更讓人受傷的是，事情明明都過了好幾百年，大家卻還是記得一清二楚，真是愛翻舊帳。這樣下去不行，大野狼需要挽救劣勢。

　　左思右想，他決定在森林裡辦試吃活動，既然大家都不願意靠近大野狼咖啡屋，他只好主動一點。森林露地是個好地方，有陽光的日子，大家都會到露地晒晒太陽，他決定到那裡辦場試吃會，於是，大野狼開始著手準備。

這天，大野狼推著布置好的手推車，來到了森林露地。他將大野狼咖啡屋試吃活動的三角旗幟綁在樹枝上，手推車上放著好看的玻璃密封罐，裡面裝滿了美味的果醬餅乾，在亞洲旅行時喝過的魔力果汁，也冰鎮放在保溫的容器裡，就在他準備就緒的時刻，馬上就有人來了。

矮灌木叢後面的小路傳來小羊們打鬧的嬉笑聲，沒多久，一群頑皮的小羊出現在露地邊，他們追來跑去，歡樂的尖叫追逐，任憑羊媽媽怎麼斥責都沒用。跑得滿頭大汗的小羊們，一看見大野狼的手推車馬上圍了過來，大野狼準備為小羊倒果汁，羊媽媽看到了，立刻阻止，大野狼連忙說明是免費的試吃活動，請羊媽媽不用擔心。

　　棕色的果汁倒在玻璃茶壺裡，接著加入酸酸的檸檬汁，果汁瞬間變成了漂亮的紫紅色，七隻小羊都目不轉睛的看著這個神奇的變化，讚嘆的聲音此起彼落，接著，大野狼又在玻璃壺裡加入冰塊、氣泡水，引以為傲的魔力果汁就完成了。

　　果汁又香又酸又甜，一下子就消除暑熱，小羊們紛紛又遞出杯子，直到把果汁喝光光。羊媽媽雖然對大野狼抱持戒慎之心，但也十分感謝大野狼安撫了頑皮的小羊。她早就從烏鴉那邊聽過大野狼咖啡屋好吃的訊息，只是大野狼開的咖啡屋總讓人無法放心，今天看見和氣的大野狼，她默默思忖，下次也許可以試試，就吆喝著小羊離開了。

大野狼沒料到果汁一下子就喝光，現在只剩餅乾可以發送了。今天來到森林露地的居民不少，可是一看見大野狼，大家就盡可能繞路避開，沒人知道咖啡屋的果醬餅乾到底有多美味，大野狼只好失望的回去。

果醬餅乾

[材料]

· 低筋麵粉	200 公克	· 香草精	1/4 小匙
· 奶油	100 公克（室溫）	· 橘子果醬	少許
· 細白糖	50 公克	· 草莓果醬	少許
· 雞蛋	1 顆（室溫）	· 泡打粉	1/2 小匙

 作法

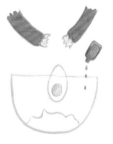

❶ 奶油加入細白糖裡，用攪拌器打發。

❷ 加入雞蛋、香草精繼續攪拌。

❸ 加入過篩的麵粉和泡打粉，用橡皮刀以切拌的方式拌勻。

❹ 麵團整型成圓柱體，放入冰箱冷藏 20 分鐘。

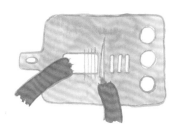

❺ 冰ㄅ過ㄍ的ㄉ麵ㄇ團ㄊ切ㄑ片ㄆ、整ㄓ型ㄒ。

❻ 在ㄗ麵ㄇ團ㄊ中ㄓ心ㄒ壓ㄧ出ㄔ
一ㄧ個ㄍ凹ㄠ陷ㄒ。

❼ 將ㄐ橘ㄐ子ㄗ果ㄍ醬ㄐ、草ㄘ莓ㄇ
果ㄍ醬ㄐ填ㄊ入ㄖ餅ㄅ乾ㄍ麵ㄇ團ㄊ
凹ㄠ陷ㄒ處ㄔ。

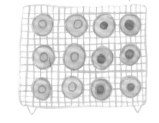

❽ 放ㄈ入ㄖ預ㄩ熱ㄖ至ㄓ 170°C 的ㄉ烤ㄎ
箱ㄒ，烤ㄎ 20 分ㄈ鐘ㄓ，至ㄓ餅ㄅ乾ㄍ
上ㄕ色ㄙ有ㄧ香ㄒ味ㄨ。

❾ 取ㄑ出ㄔ，在ㄗ涼ㄌ架ㄐ上ㄕ放ㄈ涼ㄌ，
放ㄈ入ㄖ密ㄇ封ㄈ罐ㄍ中ㄓ保ㄅ存ㄘ。

* 烤ㄎ箱ㄒ可ㄎ能ㄋ因ㄧ功ㄍ能ㄋ、機ㄐ種ㄓ不ㄅ同ㄊ，烘ㄏ焙ㄅ時ㄕ，需ㄒ按ㄢ實ㄕ際ㄐ狀ㄓ況ㄎ調ㄊ整ㄓ烤ㄎ
箱ㄒ預ㄩ熱ㄖ、烘ㄏ烤ㄎ的ㄉ溫ㄨ度ㄉ和ㄏ時ㄕ間ㄐ。

魔力果汁

（ 紫ˇ蘇ㄙ氣ㄑ泡ㄠ果ㄍ汁ㄓ ）

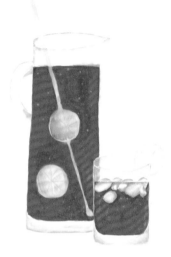

【材料】
· 紫蘇葉 … 200 公克
· 水 ………… 1 公升
· 冰糖 …… 200 公克
· 檸檬汁 ……… 適量
· 氣泡水 ……… 適量

 作法

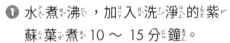

❶ 水煮沸，加入洗淨的紫蘇葉煮 10 ～ 15 分鐘。

❷ 撈出紫蘇葉，趁熱加入冰糖。

❸ 冷卻後過濾，倒入消毒過的玻璃瓶。

❹ 裝瓶冷藏。

❺ 飲用時加入適量檸檬汁、氣泡水與冰塊。

草莓

- 原產於南美洲，是多年生草本植物，果實風味十足，形色皆美。

- 日治時期初次引進栽培。受限於氣候、病蟲害，與不耐碰撞等問題，原本只能製作加工產品，直到一九八〇年代共同產銷系統建立，鮮果才能上市，成為臺灣冬、春季的重要水果。

- 草莓富含維生素 C，食用的部分是膨大的花托，表面的小顆粒才是它真正的果實。

- 一旦摘下成熟度就中止，無法催熟，挑選時要盡量選擇成熟飽滿的果實。

- 草莓需冷藏，食用之前才沖洗，洗的時候不要去蒂，才能保持鮮度。

人際互動與經營、打破刻板印象

❶ 童話裡大野狼就是大壞蛋，害這個故事中的大野狼也被刻板印象波及，受到森林動物們的懷疑。你知道「刻板印象」是什麼嗎？

我覺得：

❷ 你聽過哪些刻板印象？或你覺得自己心裡存在著哪些刻板印象？例如：看到有人身高很高，就覺得他一定很會打籃球；看到粉紅色，腦中馬上聯想到是女生。

我覺得：

❸ 為什麼抱持著刻板印象是不好的？我們對人的第一印象都是正確的嗎？會不會因為太絕對而忽略了其他可能性？例如：故事裡的大野狼其實是很會煮菜的大廚師，甚至可能還有一些我們還沒發現的優點。

我覺得：

❹ 如果你對別人或某些事情有了固定的想法，該怎麼辦呢？要不要從不同角度多了解一下？或是可以聽聽別人的意見呢？

我覺得：

第三章

歡迎光臨
大野狼咖啡屋

暖暖的南瓜湯帶來了
新開始

試吃活動辦過了，但咖啡屋的大門卻始終沒有被推開。

一天上午，大野狼看見七隻小羊跟著媽媽從廚房的窗戶外經過，他想也沒想的立刻追出去問他們要不要吃午餐，今天咖啡屋請客。羊媽媽遲疑了一下，想到每天與小羊一打七的戰鬥生活，有人願意做飯，又可以暫時喘口氣，這個提議實在誘人，可是要請客的是大野狼啊！

大野狼完全理解她的顧慮，立刻提議他們可以坐在花園的戶外長桌，小羊們也有空間可以跑跳，羊媽媽接受了，帶著小羊入座。欣喜的大野狼完全沒想到他邀請的可是森林裡最頑皮、最惡名昭彰的七隻小羊，他立刻歡天喜地回到廚房大顯身手。

今天大野狼的午餐菜單有南瓜湯、牧羊人派和美味的蛋白霜餅。

南瓜湯一早就咕嚕咕嚕的在爐子上加熱著，大野狼小心翼翼的將湯盛入湯盅裡，澆上一匙鮮奶油讓口感更加滑順，最後還撒上青翠的巴西利葉、適量的現磨黑胡椒和一點點的豆蔻粉提味。

小羊們果然很活潑好動，羊媽媽需要不時用凌厲的眼神和溫柔的叮嚀制止不斷發生的搗蛋行為。南瓜湯一端上來，小羊們立刻開動，喝湯的聲音滋嚕滋嚕此起彼落，湯汁也四處噴濺，羊媽媽一臉抱歉，但大野狼連忙表示沒關係，並接著送上蔬菜很多的牧羊人派。

羊媽媽與七隻小羊

熱呼呼的牧羊人派果然讓人食指大動，幾隻小羊很快就吃完，開始不安分的動來動去，其中最頑皮的那隻，早就溜下餐桌，沒多久就跟另一隻小羊開始追逐。他們在花園裡嬉鬧著，甚至趁著媽媽不注意，溜進了咖啡屋。

　　此時的大野狼還在廚房和花園裡來回收拾著碗盤，完全沒有留意。牆角小桌子被撞了一下，一陣乒乒乓乓，桌上漂亮的馬口鐵罐子翻滾到地上，羊媽媽和大野狼聽到聲音都跑了進來，兩隻小羊一切安好，安靜的你看我，我看你，羊媽媽拉著小羊們道歉，大野狼連忙邊說沒關係，一邊收拾殘局。

　　「還好、還好……」馬口鐵罐凹了一角，但還可以打開，「只是甜點要換個樣子了。」

大野狼鬆了一口氣說。

　　裝在密封馬口鐵罐裡的是烤得酥鬆Q軟的蛋白霜餅，原本可以做成美麗又夢幻的帕弗洛娃蛋糕，但現在需要變身了。大野狼要大家耐心的等他三分鐘，接著他就像變魔術一樣，從廚房裡端出了甜點。

　　玻璃深盅裡的新鮮芒果、百香果和冰淇淋，與提前四分五裂的蛋白霜餅交疊，水果香氣撲鼻，大野狼介紹這叫作「熱帶風伊頓混亂」，這個甜點真是今天午餐的寫照——一團混亂。甜點非常美味可口，最重要的是，羊媽媽和小羊們都非常愉快，廚師大野狼也非常的開心，大野狼咖啡屋終於真的開張了！

蔬菜很多的牧羊人派

[材料]

派皮：

· 馬鈴薯 ⋯⋯⋯⋯ 4、5 顆
· 鹽、黑胡椒 ⋯⋯ 適量
· 奶油 ⋯⋯⋯⋯ 50 公克
· 牛奶 ⋯⋯⋯⋯ 適量

餡料：

· 豬或牛絞肉 ⋯⋯ 500 公克
· 胡蘿蔔 ⋯⋯⋯⋯ 1 根
· 洋蔥 ⋯⋯⋯⋯⋯ 1 顆
· 芹菜3根（或西洋芹 1/2根）
· 茄子 ⋯⋯⋯ 2 條（大）

· 奶油 ⋯⋯⋯⋯ 20 公克
· 橄欖油 ⋯⋯⋯⋯ 適量
· 鹽、黑胡椒 ⋯⋯ 適量
· 烏斯特醬 ⋯⋯⋯ 3 大匙
· 麵粉 ⋯⋯⋯⋯ 2 大匙
· 月桂葉 ⋯⋯⋯⋯ 1 片

 作法

❶ 芹菜、胡蘿蔔、茄子和洋蔥切丁、切絲備用。

* 臺灣長茄子不需要去皮，使用圓卵型的茄子最好去皮使用。

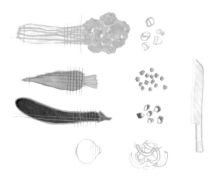

❷ 絞肉用油拌炒一下，盛出備用。

❸ 用橄欖油將洋蔥炒香炒軟，依序加入胡蘿蔔、芹菜碎末、月桂葉。蔬菜炒軟後，再加入茄子丁。

❹ 繼續加入炒熟的絞肉、麵粉，以鹽、黑胡椒、烏斯特醬調味。

❺ 馬鈴薯洗淨連皮煮熟。

❻ 剝皮。

❼ 用叉子壓搗成泥，加入奶油、些許牛奶調整薯泥溼度，最後以鹽、黑胡椒調味。

❽ 將絞肉蔬菜餡料填入深烤盤到 1/2 或 2/3 高度，覆蓋上馬鈴薯泥。

❾ 可以在表面做些花樣，最後放 1 小塊奶油在上面。

❿ 烤箱預熱至 190℃，以 180℃，烤 45 分鐘。

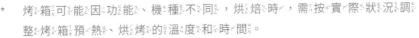

* 烤箱可能因功能、機種不同，烘焙時，需按實際狀況調整烤箱預熱、烘烤的溫度和時間。

** 可做成全蔬食版，增加蔬菜分量，不使用肉。

*** 步驟❺❻❼為基本薯泥的作法。可使用在第五章的油封鴨料理中。

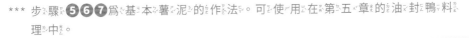

＼ 美味南瓜湯 ／

[材料]

- 南瓜 ⋯⋯⋯⋯⋯ 1/2 顆
- 胡蘿蔔 ⋯⋯⋯⋯ 1 根
- 鮮奶油 ⋯⋯⋯ 200 毫升
- 水 ⋯⋯⋯⋯⋯ 1 公升
- 鹽 ⋯⋯⋯⋯⋯ 適量
- 豆蔻粉 ⋯⋯⋯⋯ 少許
- 巴西利葉 ⋯⋯⋯ 少許

作法

❶ 南瓜、胡蘿蔔切小塊，加水煮至軟爛。

❷ 用手持式攪拌器，打成糊狀。

❸ 重新加熱，同時加入鹽、鮮奶油調味。

❹ 最後磨一些豆蔻粉提味。喝的時候可以再加上一匙鮮奶油，撒上巴西利葉裝飾。

熱帶風伊頓混亂

【材料】

· 烤好的蛋白霜餅⋯⋯適量
· 芒果⋯⋯⋯⋯⋯⋯1 片
· 百香果⋯⋯⋯⋯⋯1 顆
· 濃椰漿⋯⋯2 ～ 3 大匙
· 冰淇淋⋯⋯⋯⋯⋯1 匙
· 裝飾用薄荷葉、紅胡椒粒⋯⋯⋯⋯⋯少許

 作法

❶ 芒果削皮。

❷ 切丁。

❸ 一罐椰漿。

❹ 冰淇淋。

❺ 百香果對切備用。

❻ 芒果丁、剝碎的蛋白霜餅、百香果籽、椰漿、冰淇淋，交疊放入杯中，最後用薄荷葉、紅胡椒粒裝飾。

* 伊頓混亂（Eton Mess）為傳統的英國甜點，蛋白霜餅加上莓果，再放入濃縮奶油或鮮奶油、酸奶油，甚至冰淇淋皆可，號稱是最簡單的甜點。

基本蛋白霜餅

【材料】

· 蛋白 ———— 4 個（室溫）
· 檸檬汁 ———— 1 大匙
· 細白糖 ———— 120 公克
· 鹽 ———— 少許

作法

❶ 取蛋白，小心將蛋白分出來。

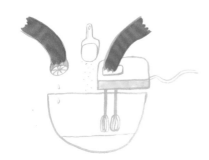

❷ 蛋白加糖和 1 小撮鹽，用攪拌器高速打發，再加入檸檬汁打至有光澤、硬式發泡狀態。

❸ 硬式發泡：看到蛋白霜尖尖的，盆子翻過來也不會掉落的狀態。

❹ 烤盤鋪好烘焙紙，用湯匙將蛋白舀至烤盤，整出喜歡的形狀。

❺ 烤箱預熱至 150 ℃，以 140℃烤 60 分鐘。

❻ 打開烤箱門，留一點縫隙，可以夾一個隔熱手套，直到完全冷卻後再取出。

* 烤箱可能因功能、機種不同，烘焙時，需按實際狀況調整烤箱預熱、烘烤的溫度和時間。
** 打蛋白霜的所有器具都不可以沾到油，否則無法打發。
*** 蛋白與蛋黃分離時也要小心，別混入蛋黃。
**** 烤好的蛋白霜餅放入密封罐，可保存十天左右。

芒果

- 原產於印度，約十六、十七世紀左右引進臺灣，我們熟知的土芒果，也是外來種。

- 芒果在臺灣栽種時間久遠，透過引進品種與農業技術的雜交、改良，目前已培育出超過二十種不同品種。

- 產地集中在臺南、高雄與屏東。

- 芒果的花蜜稀少，不論品種，其授粉的昆蟲是蒼蠅。

- 芒果含大量的維生素A、C、D、膳食纖維、礦物質、醣類和芒果多酚，非常營養健康。

社會關懷與服務、家務有給制

① 成為爸爸媽媽，是一份全年無休的工作和責任。要犧牲自己的時間，不能隨意去做想做和喜歡的事，也不能因為不喜歡就逃避，很多時候會需要別人的幫忙。

② 爸爸媽媽照顧小孩，要做什麼呢？當你還是小寶寶的時候，每隔幾小時要餵奶、換尿布，不論日夜，還要上班工作，常常睡眠不足；當你長大上學以後，要接送上下課、準備三餐，照顧食衣住行，而且隨時要留意，不能讓你傷風感冒或受傷。故事裡的羊媽媽要照顧七隻小羊，一定很忙，真是超人媽媽。你的爸爸媽媽為了照顧你，還做了什麼呢？

我覺得：

❸ 你覺得像羊媽媽這樣沒有上班的全職家庭主婦（夫），是一份職業嗎？可不可以週休二日？或領薪水？

我覺得：

其實一九九〇年代臺灣就有人提出「家務有給制」，認為從事家務工作的人是可以領薪水的，可惜最後因為家務性質特殊，包山包海難以計算，所以沒有形成立法的共識。

第四章

雨天的折價券

突如其來的高麗菜捲危機

第一次開張看起來是成功了，但接下來的一個星期，陰雨綿綿，完全沒有客人上門，大野狼的心情盪到了谷底。週末前夕，大野狼想到一個厲害的招數，他要寄發雨天折價券，凡是雨天拿著折價券來消費的，都可以打折。

週末中午，雨淅瀝淅瀝的下著，三隻小豬出現在大野狼咖啡屋門口，大野狼親切的招待他們入座。

「今天的菜色是：好甜好甜的奶油燉煮蔬菜、北國來的高麗菜捲，甜點則是大野狼特製奶酥蘋果派。」大野狼介紹著菜單。

第一道奶油燉煮蔬菜上桌，三隻小豬都很喜歡，芳香撲鼻的燉煮蔬菜，又甜又柔軟，顧不得燙，小豬們嘟著嘴，啪嗒啪嗒的大吃特吃。大野狼趕緊繼續上菜，第二道菜可算是大野狼咖啡屋的招牌菜，大野

小豬 1 號、2 號、3 號

狼總是隨著季節變換口味與材料，今天下雨天氣微涼，大野狼還在湯裡加了許多酸奶油，讓原本清爽的蔬菜湯頭，增添醇厚的味道。北國來的高麗菜捲熱氣騰騰的端上桌，香味撲鼻。就在高麗菜捲被切開的一剎那，一隻小豬禮貌的提問：「請問高麗菜捲是用什麼肉做成的？」糟糕了！大野狼吞吞吐吐的說不出口，最後小小聲的說：「是……是……豬絞肉……」

三隻小豬太震驚了，他們頭也不回的離開了大野狼咖啡屋，就算那時候烤箱傳來令人垂涎的陣陣蘋果派香氣，也沒辦法挽留他們，咖啡屋的大門「砰！」的一聲，重重的關上，大野狼的雨天折價券宣告失敗。

北國來的高麗菜捲

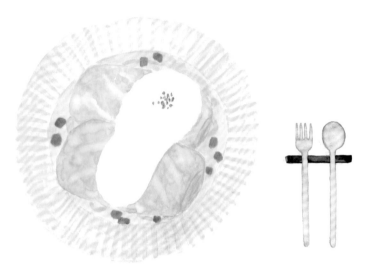

[材料]

· 高麗菜	1 顆（大）	· 鹽、黑胡椒	適量
· 胡蘿蔔	1 根	· 義大利綜合香料	2 大匙
· 雞蛋	1 顆	· 番茄	4 個（中）
· 絞肉	1 公斤（雞、豬、牛肉皆可）	· 洋蔥	2 顆
· 義大利麵	10 根	· 無鹽奶油　50 公克（可用橄欖油代替）	
· 白胡椒粉	1 大匙	· 酸奶油	100 公克

作法

❶ 高麗菜用尖刀深深劃入菜芯四周。

❷ 深ㄕ湯ㄊ鍋ㄍ加ㄐ水ㄕ、加ㄐ鹽ㄧ煮ㄓ沸ㄈ，放ㄈ入ㄖ
高ㄍ麗ㄌ菜ㄘ，須ㄒ完ㄨ全ㄑ浸ㄐ在ㄗ熱ㄖ水ㄕ中ㄓ（可ㄎ
用ㄩ木ㄇ匙ㄔ壓ㄧ），煮ㄓ幾ㄐ分ㄈ鐘ㄓ後ㄏ熄ㄒ火ㄏ
浸ㄐ泡ㄆ一ㄧ下ㄒ，使ㄕ葉ㄧ片ㄆ分ㄈ離ㄌ。

❸ 撈ㄌ出ㄔ葉ㄧ片ㄆ冰ㄅ鎮ㄓ。
❹ 切ㄑ下ㄒ高ㄍ麗ㄌ菜ㄘ葉ㄧ片ㄆ硬ㄧ
梗ㄍ，切ㄑ碎ㄙ。

❺ 胡ㄏ蘿ㄌ蔔ㄅ切ㄑ成ㄔ碎ㄙ末ㄇ，洋ㄧ
蔥ㄘ切ㄑ絲ㄙ，番ㄈ茄ㄑ切ㄑ丁ㄉ備ㄅ
用ㄩ。

＊ 番茄用小刀在底部輕輕劃出十字，
放進沸水中汆燙 1 分鐘，取出浸冷
水，剝皮、去籽後再切丁。

❻ 絞ㄐ肉ㄖ加ㄐ入ㄖ 1 顆ㄎ蛋ㄉ，攪ㄐ拌ㄅ至ㄓ絞ㄐ肉ㄖ
有ㄧ黏ㄋ性ㄒ。再ㄗ加ㄐ入ㄖ義ㄧ大ㄉ利ㄌ香ㄒ料ㄌ 2
大ㄉ匙ㄔ、鹽ㄧ、白ㄅ胡ㄏ椒ㄐ粉ㄈ調ㄊ味ㄨ。

接ㄐ下ㄒ頁ㄧ

63

❼ 調味好的絞肉加入胡蘿蔔、高麗菜梗碎末，攪拌均勻。

❽ 義大利麵剪成 3 段，約 10 公分 1 段。

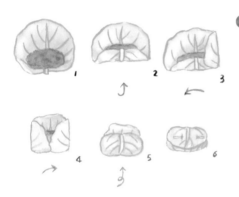

❾ 取適量肉餡放在高麗菜葉底部，由底部向上捲。包右側菜葉，包左側菜葉，再從底部向上捲，將肉餡完整包裹起來。用義大利麵固定菜捲，以免散開。

❿ 湯鍋裡放入油，用小火炒軟洋蔥，加入番茄丁繼續拌炒。

⓫ 在鍋子中排好高麗菜捲，加入水或高湯（須淹過高麗菜捲），以鹽、黑胡椒調味，煮沸後，轉小火燉煮 40 分鐘。食用時加入 1 大匙酸奶油。

好甜好甜的奶油燉煮蔬菜

[材料]

·胡蘿蔔	1 根	·無鹽奶油	25 公克
·甜豌豆莢	1 把	·水	500 毫升
·洋菇	1 盒	·鹽、黑胡椒	適量
·玉米筍	1 包		

作法

❶ 胡蘿蔔去皮切塊，甜豌豆莢撕去粗絲，洋菇用毛刷刷乾淨，玉米筍剝殼、去掉玉米鬚。

❷ 胡蘿蔔用奶油 10 公克、水、少許鹽，燉煮到軟。

❸ 放入洋菇、奶油 10 公克、鹽續煮，接著放入玉米筍，最後加入甜豌豆莢，以適量的鹽、 胡椒調味。盛盤時，在蔬菜上放 5 公克奶油。

* 所有的菇類都不要水洗，請用毛刷或乾淨布巾清理表面即可，以免減損風味。

大野狼特製奶酥蘋果派

[材料]直徑 28 公分

派皮：
· 低筋麵粉 ⋯⋯⋯⋯ 100 公克
· 無鹽奶油 ⋯⋯⋯⋯ 50 公克
· 雞蛋 ⋯⋯⋯⋯ 1 個

奶酥：
· 低筋麵粉 ⋯⋯⋯⋯ 150 公克
· 無鹽奶油 ⋯⋯⋯⋯ 75 公克
　　（切成小方塊）
· 糖 ⋯⋯⋯⋯ 75 公克
· 鹽 ⋯⋯⋯⋯ 少許

餡料：
· 青蘋果 ⋯⋯⋯⋯ 6 ～ 7 個
· 葡萄乾 ⋯⋯⋯⋯ 適量
· 糖 ⋯⋯⋯⋯ 50 公克
· 肉桂粉 ⋯⋯⋯⋯ 少許
· 玉米粉（太白粉）1 大匙

餡料作法：

① 青蘋果去皮、去核，切成薄片。

② 拌入葡萄乾、肉桂粉、糖、玉米粉。

③ 冷藏醃漬隔夜。

奶酥作法：

④ 奶油丁與糖、麵粉和 1 小撮鹽混合成粗粒狀，暫時冷藏。

派皮作法：

⑤ 奶油加入篩過的麵粉中，用切拌的方式拌至均勻。

⑥ 加入蛋，用手混合整成麵團（勿過度揉麵）。

⑦ 放入冰箱鬆弛至少 30 分鐘。

⑧ 撒上麵粉，將麵團擀開。

⑨ 擀成直徑 30 公分以上的圓形麵皮。

⑩ 將麵皮小心移至已塗奶油、灑上麵粉的派盤中。

⑪ 整型麵皮，用叉子在麵皮表面刺出氣孔，並裝飾側邊。

⑫ 填入醃漬好的蘋果餡。

⑬ 在蘋果餡上撒滿奶酥。

⑭ 烤箱預熱至 190℃，以 180℃ 烤 40 ～ 45 分鐘。

* 烤箱可能因功能、機種不同，烘焙時，需按實際狀況調整烤箱預熱、烘烤的溫度和時間。

高麗菜

- 正式名稱為甘藍，又稱包心菜或玻璃菜。

- 臺灣產量最多的蔬菜，各地都有栽種，也是最受消費者喜愛的蔬菜。

- 富含各種維生素、纖維質、礦物質和微量元素，是美味又營養豐富的好蔬菜。

- 原為溫帶蔬菜，但透過農業技術改良，近年已成功培育出適合平地夏天種植的品種。

- 常因為價格好，容易發生產銷不平衡的問題，農政單位近年已透過種苗供應量建立預警系統。

文化理解與尊重、飲食文化

1 除了三隻小豬，世界上有很多人，例如：素食主義者，基於對生命的關懷，不食用動物肉品；其他還有佛教、一貫道、伊斯蘭教、猶太教、印度教的信徒都不食用豬肉。你知道還有誰也不吃豬肉？

我覺得：

2 有些國家的人民基於宗教文化和習俗，完全不吃特定的食物，這是一種選擇，應該給予尊重。另外有些人會對特定食物產生過敏反應，選擇不吃也不能算偏食。你覺得不吃某些食物是不是「偏食」呢？

我覺得：

❸ 你還知道哪些特殊的飲食文化習慣？這些飲食文化背後的原因是什麼呢？例如：印度教徒認為牛是神聖的動物，不吃牛肉；伊斯蘭教徒每年齋戒月期間的白天，除了飲水以外都不進食，直到日落之後才用餐。

我覺得：

❹ 臺灣目前有許多的外籍移工，也有往來的國外商務人士，他們的飲食習慣或許與我們不相同，但如果能有多元化的飲食選擇，不僅是一種友善與開放的態度，也是對人與文化的基本尊重。

彼得、爺爺和聒噪的鴨子

第二次危機來臨
油封鴨的誤解

某天黃昏，花園裡傳來極不悅耳的呱呱聲，大野狼正要探頭查看，這時彼得和爺爺推開了沉甸甸的木門。

　　「已經可以吃晚餐了嗎？」爺爺聲如洪鐘，腳邊走來走去的鴨子繼續呱呱呱沒目的的叫著，不知到底在說些什麼。

　　「請問鴨子也要吃晚餐嗎？」大野狼有禮的問。

　　「牠不吃，牠是彼得的寵物，硬是要帶來……能不能讓牠別叫了！」爺爺的回答根本是在跟鴨子的呱呱聲比賽，看誰能壓過誰，兩邊的嗓門都很大，小小的咖啡屋每樣東西都被震得嘎嘎作響。彼得脫下外套，想要逮住鴨子讓牠安靜。但鴨子根本不理會，開始鼓翅亂飛，看不下去的爺爺索性打開咖啡屋的門，鴨子就飛到了屋外的花園裡，繼續「呱呱呱、呱呱呱、呱呱呱……」不停的叫著，彼得想要阻止已經來不及了。

爺爺、彼得和鴨子

「這是今晚的特餐。」大野狼遞上菜單。

「看起來很不錯。」爺爺自己拉開椅子坐下，「彼得，快來坐好。」彼得不太甘願的坐了下來，並頻頻回頭對著漸漸變暗的花園張望著，鴨子安靜了，不再呱呱亂叫，卻開始扯咬著花叢裡的花，彼得裝作沒看見，趕緊回頭坐好。

第一道送上來的是喀滋喀滋花椰菜，這是一道滋味清爽又有口感的冷盤沙拉，一點也不像爺爺平常煮的菜，總是爛糊糊的一團，彼得喀滋喀滋咀嚼著，爺爺也是，這麼爽脆的蔬菜沙拉已經好久沒吃過了，自從奶奶過世之後，他和彼得的晚餐總是一鍋砂鍋燉菜從頭吃到尾，不管什麼食材丟進去，一律燉到爛糊。今天爺爺心情很好，甚至點了杯紅酒慢慢喝著，咖啡屋裡的留聲機傳出巴松管（注）奇妙而深沉的樂音，夜幕已經降臨，大野狼的廚房裡開始

傳來讓人食指大動的香氣，第二道菜應該
快要端上桌了。

　　彼得偷偷的溜下桌，到花園裡查看，
他發出呱呱聲叫喚著鴨子，但沒有回應。
花園中靜悄悄的，不像有聒噪的鴨子的存
在，彼得慌張的走回咖啡屋，大野狼正好
送上主菜:油封鴨佐薯泥和蘋果紫高麗菜。
彼得用懷疑的眼神看著大野狼，接著他眼
裡充滿著怒意與淚水，正當爺爺舉起刀叉，
他嚎啕大哭了起來。

　　「是鴨子? 是鴨 —— 鴨 —— 對不對?」

注:普羅高菲夫的著名音樂劇「彼得與狼」裡，爺爺的代表樂
　　器正是巴松管。

彼得口齒不清的哭喊著，爺爺完全不了解他到底在說些什麼。大野狼想要安撫彼得，彼得卻只是抓住爺爺握著刀叉的手，不斷哭鬧著，眼看著爺爺就要大發雷霆了，直到他丟出「鴨——不⋯⋯見⋯⋯」這幾個關鍵字，大野狼突然弄清楚了，原來彼得以為大野狼煮了他的鴨子。

　　大野狼連忙解釋，這道油封鴨料理一天半前就要開始醃漬，還要在烤箱烤四小時，是絕對不可能抓彼得的鴨子來烤的。爺爺命令彼得回座位坐好趕緊用餐，不然就別想吃甜點。大聲宣告完，爺爺就自顧自的吃了起來，完全不理會正鬧著脾氣的彼得，而彼得也賭氣的坐在位子上，無視於面前香噴噴的油封鴨。

　　大野狼只得默默回到廚房準備今晚

的甜點，爺爺自己點了紅酒燉梨，幫彼得點了老奶奶檸檬塔。

　　吃完甜點，酒酣耳熱的爺爺，臉上原本嚴峻的線條似乎變柔和了，他滿意的付了帳單還加上小費，帶著彼得回家去。隔天一早，大野狼的信箱裡躺著一張字寫得有些歪扭的紙條：「鴨子自己回家了，檸檬塔好吃，謝謝！彼得敬上」大野狼讀完後，臉上微笑著。

喀滋喀滋花椰菜

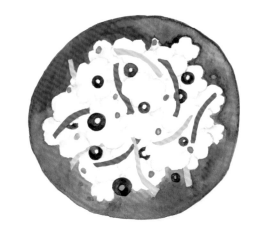

[材料]

- 白花菜 ⋯⋯⋯⋯ 1 棵
- 黃椒、紅椒 ⋯ 各 1/4 個
- 酸豆 ⋯⋯⋯⋯ 2 大匙
- 黑橄欖片 ⋯⋯⋯ 2 大匙
- 米醋 ⋯⋯⋯⋯ 1 大匙
- 鹽 ⋯⋯⋯⋯⋯ 1 小匙
- 乾燥蒔蘿 ⋯⋯⋯ 1 小匙
- 黑胡椒 ⋯⋯⋯⋯ 適量
- 橄欖油 ⋯⋯⋯⋯ 3 大匙

 作法

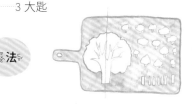

❶ 白花菜切小朵，芯部切成粗條狀。

❷ 黃椒、紅椒洗淨，去籽切成細條狀，黑橄欖切片。

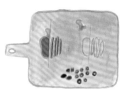

❸ 白花菜燙熟（勿過熟失去脆度）。

❹ 冰鎮保持口感清脆。

❺ 白花菜、黃椒、紅椒片、酸豆、黑橄欖片放在大碗裡，加入米醋、蒔蘿、黑胡椒、鹽，最後淋上橄欖油拌勻，冰鎮一夜後即可食用。

油封鴨佐薯泥和蘋果紫高麗菜

[材料]

馬鈴薯泥：

- 馬鈴薯 ⋯⋯⋯⋯⋯ 2 顆
- 奶油 ⋯⋯⋯⋯⋯ 50 公克
- 鹽 ⋯⋯⋯⋯⋯ 適量

蘋果紫高麗菜：

- 紫洋蔥 ⋯⋯⋯⋯⋯ 1/2 顆
- 紫色高麗菜 ⋯⋯⋯⋯ 1/2 顆
- 蘋果 ⋯⋯⋯⋯⋯ 1 顆
- 蘋果汁 ⋯⋯⋯⋯ 100 毫升
- 紅酒醋 ⋯⋯⋯⋯⋯ 2 大匙
- 鹽、胡椒 ⋯⋯⋯⋯ 適量
- 橄欖油 ⋯⋯⋯⋯⋯ 2 大匙

油封鴨：

- 鴨腿 ⋯⋯⋯⋯⋯ 6 支
- 粗鹽 ⋯⋯⋯⋯ 1 又 1/2 大匙
- 鴨油（或鵝油、豬油）
  ⋯⋯⋯⋯⋯ 1 ～ 1.2 公升

馬鈴薯泥作法：

❶ 馬鈴薯隔水蒸熟，直到筷子可以輕易穿透。

❷ 趁熱去皮，壓成泥狀，拌入奶油與適量的鹽。

蘋果紫高麗菜作法：

❶ 紫洋蔥切絲，紫高麗菜切細絲，蘋果磨成泥。

❷ 鍋子倒入油加熱，放入洋蔥絲炒軟，再放入紫高麗菜絲拌炒，微軟後加入蘋果汁、蘋果泥、紅酒醋，燉煮至果汁收乾，最後以鹽、胡椒調味。

 油封鴨作法：

❶ 鴨腿以粗鹽醃漬
36個小時取出，拍
掉剩餘鹽粒。

❷ 在鑄鐵鍋裡排列放好鴨腿，
倒入鴨油，蓋好鍋蓋。

❸ 放入烤箱，以 90 ～ 110℃低溫
烤 4 小時。

❹ 供餐時小心取出鴨腿，以平
底鍋將兩面煎至上色。

* 油封鴨到❸這個步驟就算大致完成，通常一
次會做比較多的數量，可以把還沒要吃的鴨
腿小心移至消毒過乾燥的大玻璃罐中，空隙
用鴨油填充到九分滿，旋緊瓶蓋冷藏於冰箱
中。

** 烤箱可能因功能、機種不同，烘焙時，需按實際狀況調整
烤箱預熱、烘烤的溫度和時間。

老奶奶檸檬塔

[材料] 直徑 28 公分

塔皮：		內餡(檸檬凝乳 lemon curd)：		蛋白霜飾：	
· 低筋麵粉	200 公克	· 檸檬	4 顆	· 蛋白	3 顆
· 無鹽奶油	100 公克	· 砂糖	200 公克	· 細白糖	90 公克
· 細砂糖	40 公克	· 奶油	100 公克	· 檸檬汁	1 小匙
· 蛋	1 顆	· 全蛋	3 顆（室溫）		
		· 蛋黃	1 顆		

塔皮作法：

❶ 麵粉、細砂糖過篩。

❷ 奶油加入篩過的麵粉，用
切拌的方式拌至均勻。

❸ 加入雞蛋。

❹ 用手混合整成麵團
（勿過度揉麵）。

❺ 放入冰箱冷藏隔夜。

⑥ 派盤塗油、灑麵粉。

⑦ 將冷藏變硬的麵團，用刨絲器刨成粗絲放進派盤裡。

⑧ 用手將麵團粗絲壓緊實。

⑨ 蓋上一層烘焙紙。

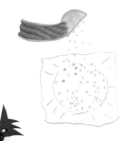

⑩ 在烘焙紙上倒入烘焙重石或豆子。

⑪ 烤箱預熱至 180℃，預烤 30 分鐘。

內餡作法：

⑫ 奶油和糖放在鐵盆中。

⑬ 把檸檬綠色外皮刮下備用（不要刮到白色部分）。

⑭ 檸檬榨汁，分量大約一杯。

⑮ 鐵盆用小火隔水加熱至糖、奶油融解。

⑯ 全蛋和蛋黃用叉子打散。

接下頁

* 烤箱可能因功能、機種不同，烘焙時，需按實際狀況調整烤箱預熱、烘烤的溫度和時間。

接上頁

⑰ 用濾網過濾蛋液，加入⑮料中。

⑱ 持續攪拌 10 ～ 15 分鐘，直到呈濃稠狀，離火。

⑲ 倒入烤好的塔皮內。

⑳ 入烤箱以 170℃，烤 20 分鐘。

㉑ 冷卻後，加入檸檬皮屑增加香氣。

* 檸檬塔到這個步驟為基本的檸檬塔，如果不加蛋白霜，可以直接冷藏、食用。

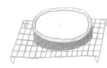

蛋白霜飾作法：

㉒ 蛋白、細白糖和檸檬汁，用電動攪拌器打發。

㉓ 直到硬式發泡狀態。

㉔ 將蛋白霜厚厚的抹在冷卻後的檸檬塔上。

㉕ 用湯匙背面做出花樣。

㉖ 火焰噴槍略烤一下蛋白霜表面。

㉗ 完成後冷藏。

紅酒燉梨

（大人的專屬料理）

[材料]

· 西洋梨	5、6 顆	· 丁香	10 粒
· 紅酒	1 瓶	· 小豆蔻	3 粒
· 冰糖	適量	· 肉桂棒	1 根

作法

❶ 西洋梨削皮。

❷ 放入鍋中，加水、紅酒蓋過西洋梨，並加入香料和冰糖燉煮。

❸ 冷藏浸漬一夜。

檸檬

- 檸檬是熱帶水果，臺灣主要的產地在高雄、屏東，盛產期為夏季。

- 檸檬富含維生素 C，果皮有芳香的精油成分，是很受歡迎的水果。

- 臺灣市場上大部分檸檬為綠色，此時的檸檬酸度和芳香度比較高，適合用來製作果汁和飲料。

- 檸檬成熟後會由綠轉黃，黃檸檬的酸度與果皮香氣會降低，果肉也會比較甘甜，適合直接入菜或製作點心。

- 與檸檬相近的是綠色的萊姆，果實顆粒較小，無籽，皮薄光滑，果肉呈現青綠色。

文化理解與尊重、性別平等

1 你覺得男生、女生應該是怎樣的氣質？過去認為男生要勇敢、強壯，女生要嬌弱、溫柔，這就是性別的刻板印象。像彼得一樣柔弱又常哭的男生，也許會被人說是「娘娘腔」，但這個名詞本身就是很不友善的性別歧視。

我覺得：

2 當看到悲傷的故事、電影時，甚至是受傷或難過時，你是不是也會掉眼淚？還是會要求自己堅強的去面對？不管是哪一種，這都是你的特質，別人不應該隨便質疑和評論。

我覺得：

❸ 性別氣質是很多樣的，每個人都可以勇敢，也可以溫柔。

❹ 過去性別歧視曾經造成一場悲劇，一位個性溫柔的男孩———葉永鋕，因遭到歧視與暴力，十五歲那年意外過世，他的遭遇促成《性別平等教育法》的加速制訂。

❺ 社會要達成真正的性別平等，仍有太多需要努力。最主要是要在生活中落實。你覺得生活中可以怎麼做呢？例如：不要因看到男生穿粉紅色，就覺得他很奇怪，或是有其他方法呢？

我覺得：

第 六 章

外婆的慶生會

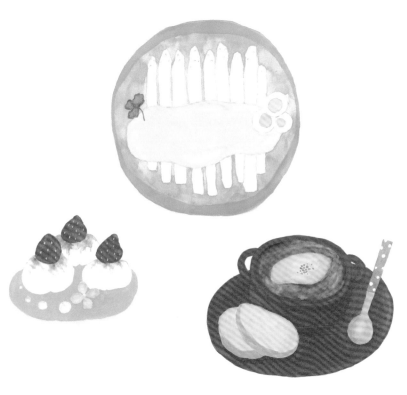

酸甜的柳橙戚風海綿蛋糕
拉近了距離

好長的一段時間過去，大野狼其實一直在偷偷期待小紅帽出現。他希望大家都可以重新認識自己，特別是小紅帽。同樣是大野狼，本來就有好的狼也有壞的狼啊！可是，小紅帽從來沒有出現過。

大野狼咖啡屋開幕了一段時間，慢慢有了常客，午茶時間也聚集了一些喝茶的仕女們，對茶點和咖啡屋的擺設，她們不吝嗇的給予許多讚美，這讓大野狼信心倍增。一位女士還預定了生日餐會，讓大野狼可以大顯身手。那天很快就到來，大野狼在咖啡屋裡忙進忙出，布置了好多鮮花，不到十二點，就有人拉了戶外的門鈴，一定是客人來了。

「歡迎光臨！」大野狼打開門看到了那位女士（也就是媽媽）、外婆，還有⋯⋯小───紅───帽！他揉了一下眼睛，深深的吸了一口氣，沒看錯，真的是小紅帽。大

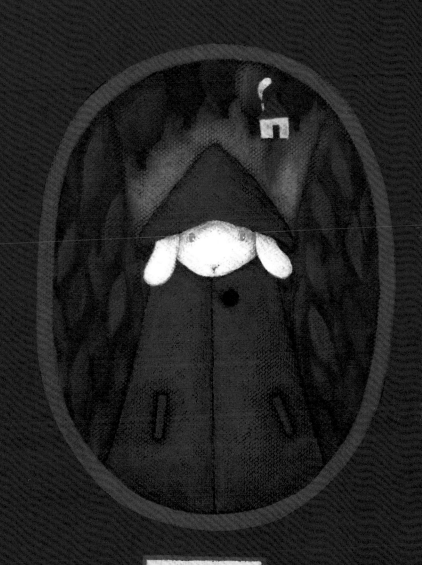

小紅帽

野狼請她們入座，今天的壽星是外婆，媽媽和小紅帽被安排坐在外婆的兩邊。

　　首先端上桌的是洋蔥湯，前一天，大野狼花了一個下午的時間，把洋蔥切得細細的，再把整鍋滿滿的洋蔥絲炒成了香甜的焦糖洋蔥，最後才做成了美味的洋蔥湯，剛從烤箱裡端出來的洋蔥湯，熱呼呼又香噴噴的。

　　「啊！就是這個味道。我年輕的時候總是煮這道洋蔥湯給你們當晚餐，還記得嗎？」外婆喝了一口這麼說，媽媽也說這洋蔥湯好甜好美味，只有小紅帽把湯攪來攪去，說洋蔥很臭、很可怕，不肯試一下。

　　第二道是季節限定蘆筍排，蒸得剛好又白嫩的白蘆筍，沾上溫熱的荷蘭醬，滋味甜美極了。外婆吃得笑咪咪的，小紅帽才吃了一口就吐了出來，還做了一個很噁

心的表情，她偷偷的看了媽媽一眼，知道坐在對面的媽媽快要生氣了，於是假裝乖乖的把蘆筍放進嘴裡，又偷偷讓蘆筍「不小心」的掉在地上，大野狼看著自己精心製作的食物掉滿地，內心只剩挫折，非常想命令小紅帽，統統吃——下——去，他努力保持平靜。

「呼吸，深——呼——吸——呼——吸——」他告訴自己。

香噴噴的主菜瑪莎拉燉雞端上桌了，小紅帽的眼神停留在主餐盤三秒鐘，大野狼內心小小的振奮了一下，柔嫩的雞胸肉襯著滿滿的蘑菇，應該沒有人不喜歡，外婆與媽媽毫無疑問的喜歡這道菜，小紅帽呢？

「你上菜好慢！」她看了一眼大野狼，挑釁的意味濃厚，大野狼才想開口，「我不喜歡蘑菇，好多都有砂。」她又繼續咕噥

著，一面用叉子把蘑菇撥來撥去，又有一、兩個掉到地上去了。

「我的菜保證沒有！」大野狼冷靜的說。

其實他內心尖叫，就快要爆炸了。還好這時候，小紅帽拿起餐刀切著雞胸肉，大口吃了起來，也吃了一些蘑菇與青菜。很好，小紅帽，好乖好乖。

終於到了甜點上桌的時刻，大野狼為外婆做了生日蛋糕，上面還裝飾了可愛的小紅帽蛋白霜，隔著蠟燭搖曳的火焰，他看見兩張笑咪咪的臉龐和一雙閃亮的眼睛。大家一起幫外婆唱了生日快樂歌，外婆許願、吹蠟燭，也切下蛋糕。此時，大野狼的內心洋溢著歡欣，覺得自己終於用美食洗刷了惡名。

當小紅帽和外婆一家要離開的時候，小紅帽甜笑的湊到大野狼耳邊說了悄悄話：「大野狼叔叔，你的耳朵真的好尖……你的毛太粗了，都亂翹，用點定型液可能比較好。還有你的嘴好大，牙齒又不太整齊，而且嘴巴臭臭的唷！」大野狼一邊聽著，臉色一陣紅一陣白的，還好臉上粗粗的雜毛掩藏了他的尷尬。

　　「沒關係，大野狼叔叔，請你吃一顆口氣芳香糖。」小紅帽從口袋裡掏出一顆糖果，大野狼放進嘴裡，甜甜的糖果在舌頭上轉了兩圈。

　　「啊丫！好酸！」

　　「哈哈！你被騙了！是酸酸糖。拜拜～」小紅帽精靈古怪的笑了。

　　漫長的一天終於結束，大野狼累壞了，洩氣癱軟中……

小紅帽蛋白霜

作法

[材料]

· 蛋白霜餅 ⋯⋯⋯⋯ 6 個
· 新鮮草莓 ⋯⋯⋯⋯ 6 顆
· 巴薩米可醋 ⋯⋯⋯ 1 大匙

❶ 草莓洗淨。

❷ 瀝乾。

❸ 去掉蒂頭。

❹ 拌入巴薩米可醋，
冷藏 20 分鐘。

❺ 將醋漬過的草
莓小心疊放在
蛋白霜餅上。

洋蔥湯

[材料]

· 洋蔥	6 顆	· 高湯或水	1 公升	· 紅酒醋	50 毫升
· 大蒜	3 瓣（不去膜）	· 鹽	適量	· 帕瑪森起士粉	100 公克
· 奶油	50 公克	· 黑胡椒	適量	· 法國長棍麵包	1 條
· 橄欖油	3 大匙	· 白酒或雪莉酒	50 毫升		

 作法

❶ 洋蔥切絲。

❷ 大鍋放入橄欖油、奶油和大蒜，用小火炒洋蔥。

❸ 不斷翻炒洋蔥絲到焦糖化，並直到約比一個拳頭大。

❹ 加入白酒或雪莉酒拌炒，再加入高湯或水燉煮，以鹽、黑胡椒、紅酒醋調味。

* 酒精在烹煮過程中會揮發掉。

❺ 上桌前將法國長棍麵包切片，略烤一下。

❻ 洋蔥湯盛入湯盅，放一片長棍麵包。

❼ 撒上大量帕瑪森起士粉。

❽ 預熱烤箱，180℃烤 20 ～ 30 分鐘。

* 烤箱可能因功能、機種不同，烘焙時，需按實際狀況調整烤箱預熱、烘烤的溫度和時間。

白蘆筍佐荷蘭醬

[材料]

· 白蘆筍 .... 1 束

荷蘭醬：

· 蛋黃 .... 1 顆（室溫）

· 無鹽澄清奶油 .... 50 公克
　（奶油多少決定醬汁的濃稠度）

· 鹽 .... 適量

· 白胡椒粉 .... 適量

· 檸檬汁 .... 1 大匙

· 檸檬皮屑 .... 1 小匙

蘆筍汁：

· 白蘆筍硬皮 .... 100 公克

· 水 .... 900 毫升
　（放入鍋中大約蓋過蘆筍皮的高度）

· 冰糖 .... 90 公克

作法

❶ 蘆筍洗淨削去尾端
　硬皮，蒸 7 分鐘。

荷蘭醬作法：

❷ 蛋黃加入檸檬汁，奶油用微波爐融化，1小匙1小匙分次加入蛋黃攪拌，不斷攪拌至乳黃色。

❸ 以鹽、胡椒調味。

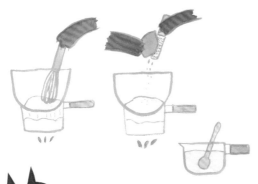

❹ 以小火隔水加熱，繼續攪打醬汁至濃稠。

❺ 加入檸檬皮屑拌勻。

❻ 做好的荷蘭醬需保溫，待蘆筍蒸好立即使用。

 附： 蘆筍汁作法： * 利用削下來的蘆筍硬皮做清涼好喝的蘆筍汁

❶ 削去白蘆筍尾部硬皮和老化部分。

❷ 蘆筍皮放入鍋中，加水淹過蘆筍皮，熬煮10 ～ 15 分鐘。

❸ 加糖。

 ❹ 過濾。

❺ 裝瓶、冷藏。

 * 熱的蘆筍汁微苦，冰鎮後就喝不出苦味。

瑪莎拉燉雞

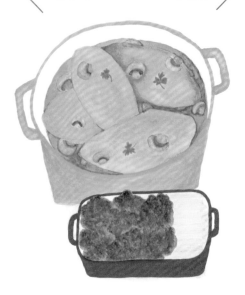

[材料] 4 人份

·雞胸肉　　　　4 片	·綠色蔬菜　　　600 公克	**瑪莎拉醬汁：**
·海鹽　　1 又 1/2 小匙	·義大利斜管麵　4 人份	·瑪莎拉酒　　　1/2 杯
·無鹽奶油　　30 公克	**乾粉沾料：**	·鮮奶油　　　100 毫升
·橄欖油　2 ～ 3 大匙	·中筋麵粉　　　　1 杯	·水　　　　　　酌量
·蘑菇　　　400 公克	·黑胡椒粉　　　1/4 小匙	·鹽、黑胡椒　　酌量
·巴西利葉碎末　1 大匙	·乾燥奧勒岡香料　1 小匙	

作法

❶ 雞胸肉拍成大約 1.5 公分厚。

❷ 用海鹽醃漬，冷藏 1 ～ 2 小時入味。

❹ 雞肉瀝乾，沾乾粉沾料。

❸ 蘑菇用刷子刷乾淨，切成片狀備用。

❺ 放入加了橄欖油和奶油的平底鍋中，煎成兩面金黃後，夾起備用。

❻ 蘑菇放入平底鍋中拌炒至金黃。

❼ 加入瑪莎拉醬汁，放入雞胸肉，用醬汁澆煮肉片。待醬汁收乾濃縮一點，熄火，最後再撒上巴西利葉碎末裝飾。

* 酒精在烹煮過程中會揮發掉。

❽ 煮義大利斜管麵。

❾ 橄欖油清炒綠色蔬菜，用少許鹽調味。盛盤，淋上醬汁，可以搭配義大利斜管麵。

柳橙戚風海綿蛋糕

HAPPY BIRTHDAY

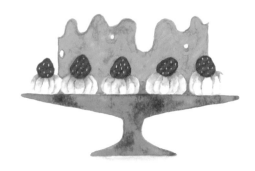

[材料] 八吋環形模

戚風海綿蛋糕：

- 低筋麵粉 ⋯⋯⋯⋯ 120 克
- 細白糖 ⋯⋯⋯⋯ 100 克
- 雞蛋 ⋯⋯⋯⋯ 4 顆
  （大，放至室溫）
- 泡打粉 ⋯⋯⋯⋯ 1/4 小匙
- 檸檬汁 ⋯⋯⋯⋯ 1 小匙
- 沙拉油 ⋯⋯⋯⋯ 3 大匙
- 鹽 ⋯⋯⋯⋯ 1 小撮
- 柳橙汁 ⋯⋯⋯⋯ 90 毫升

鮮奶油霜飾：

- 動物性鮮奶油 200 毫升
- 細白糖 ⋯⋯⋯⋯ 20 克

 戚風海綿蛋糕作法：

❶ 低筋麵粉、泡打粉
和鹽一起過篩。

❷ 雞蛋小心分出蛋白
與蛋黃。

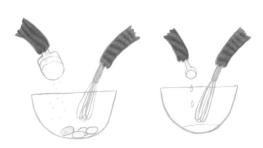

❸ 蛋黃加入 60 克白糖，
打發至乳黃色。

❹ 分次 1 匙 1 匙加入油繼
續攪拌均勻。

❺ 繼續分次加入柳橙汁，
攪拌至均勻，同時加入
柳橙皮屑。

❻ 加入❶料，仔細攪拌均勻。

❼ 烤箱預熱至 190℃。

❽ 蛋白加入檸檬汁、40 克白糖，用電
動攪拌器打發至硬性發泡狀態。

❾ 用刮刀將部分蛋白霜加
入❻料麵糊裡拌勻，再
與剩餘的蛋白霜攪拌
均勻。

接下頁

接上頁

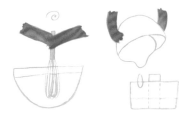

⑩ 用攪拌器快速拌勻。

⑪ 倒入蛋糕模型。

⑫ 放入烤箱以 180℃烤 40 分鐘，用
竹籤插入沒有沾黏就完成了。

⑬ 烤好後立即取出倒扣，直到蛋
糕完全冷卻。

⑭ 脫模，以打發的鮮奶油均勻的
塗抹一層，放入冰箱冷藏。

鮮奶油霜飾作法：

⑮ 準備雙層鍋具，下層放置冰塊。

⑯ 上層放入鮮奶油、糖，以電動攪拌器打發。

⑰ 用平刀薄薄的抹在冷卻後的蛋糕外面。

* 烤箱可能因功能、機種不同，烘焙時，需按實際狀況調整
烤箱預熱、烘烤的溫度和時間。

洋蔥

- 洋蔥為溫帶作物，生長忌高溫多溼的環境，在臺灣的栽種期為入秋到隔年春天收成。

- 目前最大的產地在屏東、恆春與彰化。

- 生洋蔥含有揮發性的酵素，刀切破壞細胞壁時，硫化物質會溢出，導致人淚如雨下。

- 冷藏、微波加熱、使用銳利的刀或蛙鏡，都可以避免切洋蔥時流淚。

- 洋蔥含有抗發炎、抗氧化的成分，多食用有益健康。

- 生洋蔥味道辛辣，但加熱後會轉為甜分，而且味道芳香，很適合為食物添加風味。

環境保育與永續、惜食

① 你有不喜歡吃的食物嗎？小紅帽這個也不吃、那個也不吃，最後餐盤裡的食物都只能丟棄，實在很可惜。

我覺得：

② 食物要來到我們的口中，是靠許多人辛苦工作的結果。從食物的生產、運送，到包裝、加工，都要花費不少時間與氣力，包含著無數農夫、搬運工、商店、廚師……等工作人員辛勤的工作。

❸ 我們生活在農漁業發達、富饒的臺灣，大部分的食物都可以自給自足，但是世界上很多地方都缺乏糧食，當我們享用豐盛食物的同時，也要想想還有很多兒童深陷飢餓的處境當中。你知道哪些地方的小朋友無法吃飽嗎？

我覺得：

❹ 現代的用餐觀念，都主張適量，所以點餐或取食的時候，務必斟酌自己的食量，不要因為喜歡就拿太多，避免吃不完浪費。珍惜食物就從營養午餐開始，想一想，如果遇到不喜歡吃的東西，或是營養午餐太多吃不完，怎麼辦呢？

我覺得：

第 七 章

最不想招待
的客人

緊張無比的獵人燉雞晚餐

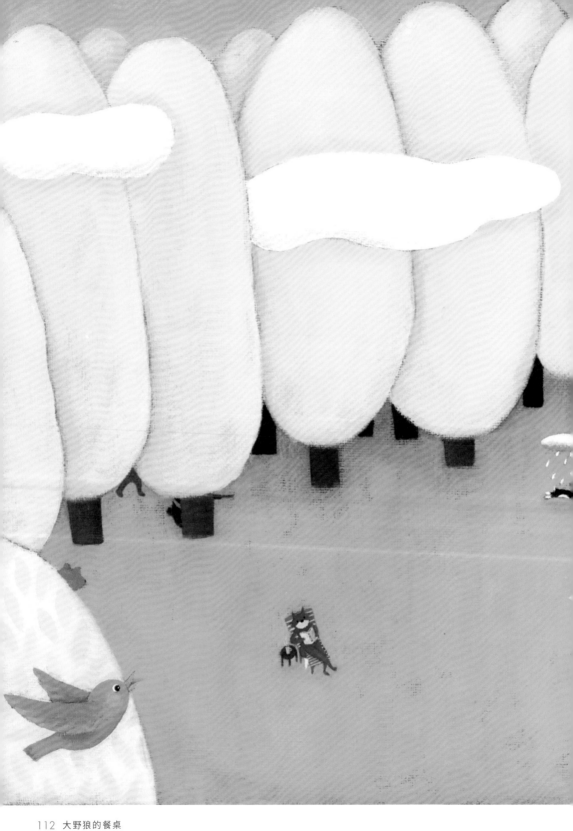

春去秋來，大野狼咖啡屋成為黑森林裡重要的地標，來來往往的童話故事主角，三不五時都會來坐坐，喝杯咖啡或茶。這學期彼得和小紅帽還是同班同學，放學回家的時候，總是故意路過咖啡屋，讓大野狼不得不拿出餅乾招待他們，雖然有點傷腦筋，但久而久之大野狼也習慣了，沒看到他們還會有點擔心呢。

　　大野狼幾乎歡迎每個客人，嗯，幾乎。好脾氣的大野狼還是有不想招待的客人，例如今天晚餐，坐在咖啡屋裡的那幾位。晚餐時間，突然有人推門進來，大野狼趕緊從廚房出來招呼。呃……竟然是三個獵人。

　　大野狼臉上的笑堆得有些僵硬和不自然。心裡想著：「天啊！他們來幹嘛？」

　　獵人說大豐收，想要喝點麥酒慶祝一下。

「麥酒先上，有好吃的也都拿來！」獵人們豪氣的叫嚷著，大野狼不敢怠慢，趕緊回到廚房準備。

今天爐子上燉著香噴噴的獵人燉雞，本應是主餐的菜色，但對於三個飢腸轆轆的獵人來說，正是美味的開胃菜。以秋日夜晚的天氣來說，此時廚房的溫度，應該是舒適又溫暖，但大野狼熱汗直流，用現有的食材和飛快的速度拌了一道獵人起士沙拉，還送出一大鍋燉雞。他忙著擀麵皮，準備做出分量更讓人飽足的獵人肉派，他擔心且害怕著，絕對、一定要用美食餵飽獵人，不然他可能會成為他們的獵物。

麥酒一杯一杯送出去了。

三個獵人

烤得金黃酥脆的獵人肉派，也一個個進了獵人的肚子裡。

大野狼暗中希望獵人趕快喝醉，還特意煮了一大鍋香料熱紅酒，說要給他們在回家的路上驅除寒意。

獵人們痛快的吃吃喝喝了一個晚上，酒酣耳熱，在幾回合的大口乾杯後，他們才搖搖晃晃的起身說吃飽喝足要回家了。關上咖啡屋大門，大野狼鬆了一口氣，他跌坐在椅子上，爲自己倒了一杯自釀的冰凍檸檬伏特加，一口喝乾的那一刻，他才眞正放鬆了下來，內心大聲向宇宙許願：「拜託，還是別讓他們再來了！」

獵人起士沙拉

[材料]

· 小黃瓜 ⋯⋯⋯⋯⋯ 3 條　　· 檸檬 ⋯⋯⋯⋯⋯ 1/2 個　　· 蒔蘿 ⋯⋯⋯⋯⋯ 1 小匙
· 希臘菲塔起士 ⋯⋯ 1 塊　　· 鹽 ⋯⋯⋯⋯⋯ 適量　　· 紅胡椒粒 ⋯⋯⋯ 1 大匙
　　　　　　　　　　　· 初榨橄欖油 ⋯⋯ 適量

作法

❶ 小黃瓜去蒂，
用刨刀刨成長
緞帶形薄片。

❷ 在大碗中，依序加入鹽、
檸檬汁、橄欖油拌均勻。

❸ 希臘菲塔起士剝成碎
塊。

❹ 加入紅胡椒粒和
蒔蘿，冷藏一下。

獵人燉雞

[材料]

· 棒棒雞腿	8～10隻	· 番茄糊	1小罐	· 月桂葉 3片
· 胡蘿蔔	1根	· 紅酒	1/2瓶	· 新鮮迷迭香 2、3支
· 西洋芹	4、5根	· 鹽	適量	（如果用乾燥的改1小匙）
· 洋蔥	1顆	· 黑胡椒	適量	· 巴西利葉 適量
· 無籽黑或綠橄欖	1罐	· 橄欖油	適量	

作法

❶ 胡蘿蔔、芹菜、洋蔥分別切碎、切絲。

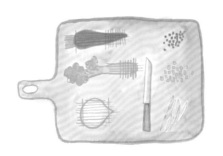

❷ 鑄鐵鍋放入橄欖油。

❸ 依序放入洋蔥、胡蘿蔔和芹菜炒香、炒軟，盛出備用。

❹ 再加入一些橄欖油，將雞腿煎成表面金黃，夾起備用。

❺ 雞腿、蔬菜放回鍋裡，加入紅酒煮開，再加入番茄糊、橄欖、月桂葉、迷迭香，以鹽、黑胡椒調味。

＊ 酒精在烹煮過程中會揮發掉。

❻ 加蓋小火燉煮70～80分鐘，開蓋再煮5分鐘濃縮一下湯汁。撒上適量新鮮的巴西利葉，或新鮮的迷迭香裝飾，可以搭配切片鄉村麵包。

70～80分鐘

獵人肉派

[材料]

麵皮：

· 高筋麵粉 ⋯⋯⋯⋯ 500 公克
· 鹽 ⋯⋯⋯⋯⋯⋯⋯⋯ 1 小匙
· 奶油 ⋯⋯⋯⋯⋯⋯ 125 公克
· 豬油 ⋯⋯⋯⋯⋯⋯ 125 公克

· 冷水 ⋯⋯⋯⋯⋯ 175 毫升
· 蛋黃 ⋯⋯⋯⋯⋯⋯⋯ 2 顆

內餡：

· 牛肉 ⋯⋯⋯⋯⋯⋯ 500 公克
· 洋蔥 ⋯⋯⋯⋯⋯⋯ 200 公克

· 馬鈴薯 ⋯⋯⋯⋯⋯ 400 公克
· 鹽 ⋯⋯⋯⋯⋯⋯⋯⋯ 適量
· 黑胡椒 ⋯⋯⋯⋯⋯⋯ 適量

 作法

❶ 麵粉、鹽、奶油和豬油放入大盆子裡，慢慢加入冷水混合。

❷ 揉成光滑的麵團。

❸ 放入冰箱冷藏至隔天。

❹ 牛肉去筋切薄片，馬鈴薯削皮切薄片，洋蔥切絲。

❺ 取出麵團，分成八等分。

❻ 整型成圓球狀。

❼ 擀成直徑 20 公分左右薄片。（外緣擀薄一點）

❽ 麵皮的上半部依序放上馬鈴薯、洋蔥絲、牛肉片，用適量的鹽與黑胡椒調味，將麵皮對折。

❾ 用捲邊的方式，折起麵皮開口，封牢。

❿ 派皮表面塗上蛋黃。

⓫ 烤箱預熱至 190℃，烤 70～80 分鐘，直到香味四溢。

＊ 烤箱可能因功能、機種不同，烘焙時，需按實際狀況調整烤箱預熱、烘烤的溫度和時間。

121

麵粉

- 麵粉是由小麥研磨成的粉末，加水調和後可製作成麵、麵包、餅……等食物。

- 小麥原產於溫帶，是世界三大糧食作物之一。

- 臺灣從日治時期開始栽培，產量一直不多，目前主要的產地在中部。

- 由於飲食習慣改變，國人對麵粉的消費量已與米相當，需仰賴進口，無法自給自足。

- 因蛋白質含量多寡，麵粉有不同的筋性，需依照製作的食物不同，使用不同筋性的麵粉。

- 高筋麵粉可做麵條、麵包；中筋麵粉可做包子、饅頭；低筋麵粉則是用來做餅乾、蛋糕等點心。

危機辨識與處理

❶ 故事中獵人和大野狼喝的麥酒、香料熱紅酒及檸檬伏特加，都是含有酒精的飲料，法律規定未成年人不能飲酒，因為酒精可能會對發育中的腦有害，除此以外，你知道喝酒過量還有什麼壞處嗎？

我覺得：

❷ 除了酒，法律更規定禁止提供給未成年人其他有害身心健康的東西。你知道哪些東西是禁止的？這些東西對你的健康有什麼危害？

我覺得：

❸ 毒品嚴重危害人的身心，不論大人或小孩。現在有些毒品包裝成很像糖果、果凍或飲料包，目的是要降低人的戒心，讓人誤食或受到引誘食用，遇到來路不明的食品，一定要特別當心。

如果有人給你來路不明的食品或飲料，你應該怎麼做？告訴周遭的大人嗎？萬一遭受脅迫，你有沒有可以求助的大人？

我覺得：

❹ 平常吃的食品或飲料，有些可能添加了不健康的物質，例如：人工香料、甘味劑、著色劑……等。為了你的身體健康，還是要多吃真正的食物，少吃加工過的食品。你可以分別哪些是食物？哪些是食品嗎？

我覺得：

第 八 章

迷路的兄妹

熱呼呼香蒜蛋花湯
的溫暖關懷

漢斯與葛麗特

公休日下起初雪，大野狼整理了咖啡屋和廚房，夜晚的森林裡，只有雪花墜落的聲音。

「好香的味道……」漢斯睜開惺忪雙眼的那一刻，發現自己躺在舒適又柔軟的床上，壁爐裡的柴火暖洋洋的燒著，接著他看見葛麗特在喝東西，立刻清醒了一大半，原來，他們還沒逃出去……葛麗特發現漢斯醒了，立刻來到了他的身邊。

「哥哥，你看！有牛奶。」葛麗特指著小桌上的杯子，嘴角還沾著牛奶泡泡。

「不能喝，是魔法。」漢斯的聲音裡有藏不住的怒意。

「可是我好餓……」葛麗特真的很餓，他們從糖果屋帶出來的餅乾糖果，沒多久就像空氣一樣消失了。在森林裡迷路了好幾天，路上除了硬邦邦的果實，找不到可

以吃的東西，現在食物好不容易就放在眼前，她怎麼可能忍得住？聞到香味的漢斯，肚子裡也一陣翻滾，嘰哩咕嚕的吵鬧著，無法抵擋的巨大飢餓感，讓他走到桌邊不顧一切喝了起來。

接著，漢斯才開始注意到這個房間。這裡的家具看起來很溫馨，都是木頭做的；屋子裡的氣味不是膩膩的甜香，也看不到糖果和餅乾，反而充滿各種食物的溫暖香氣。味道很熟悉，很像以前媽媽還在的時候，家裡的味道。感受到這件事的同時，漢斯突然好想念媽媽，也好想家，這讓他有點想哭，漢斯和葛麗特都沒有注意到，房門並不是緊閉的。

聽到了他們的說話聲，大野狼敲敲門走進去。看見房間裡突然出現的大野狼，漢斯和葛麗特嚇得緊緊抱在一起，漢斯甚

至抓起了桌上的木湯匙當作抵禦的武器，指著大野狼。

「不要過來！」漢斯的聲音透露著驚恐。

大野狼忽然才想起自己是惡名昭彰的大野狼啊！他止住腳步，努力顯現出和善的表情，他舉起手溫和的說：「我沒有要吃你們，不要害怕！如果要吃掉你們，剛剛你們睡著的時候就可以吃了，不用等到現在。這裡是咖啡屋，也是我的家，肚子餓了吧？」大野狼說話的同時，也瞥見杯子已經空了。

「很餓，我們好幾天沒吃東西了。」臉上還掛著淚水的葛麗特聽到大野狼這麼說，馬上回答，漢斯想阻止也來不及，他覺得他們很倒楣，好不容易逃出壞巫婆的魔掌，卻來到了大野狼的家。

大野狼聽了葛麗特的話，點點頭，什麼也沒說就轉身回廚房準備食物。

房間的門，沒有關閉也沒有上鎖，漢斯帶著葛麗特，躡手躡腳的走出去，他們輕聲打開咖啡屋大門，一陣冷風和雪花灌進屋子裡，屋外下著大雪，還在猶疑的那一刻，大野狼在背後招呼他們。

「來！快來吃。」大野狼端著一個大托盤，上面有冒著煙的食物，漢斯和葛麗特嚇一大跳，無奈而頹喪的關上大門；漢斯根本沒有胃口，他一心一意只想逃離這裡。

木碗裡熱氣騰騰的是香蒜蛋花湯，還有香噴噴的培根麵包布丁。

「好像媽媽煮的湯……」葛麗特說著，大口喝了起來。

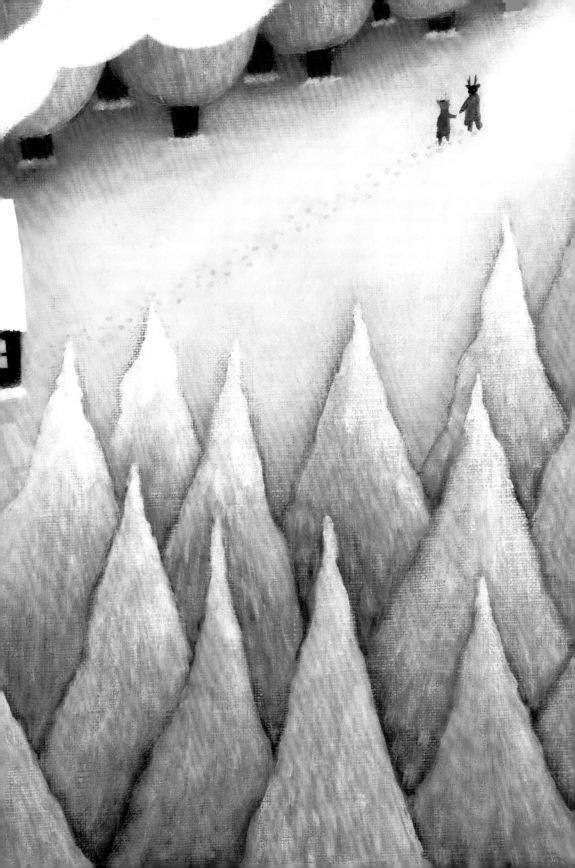

漢斯看著這碗熱湯，眼睛漫出了淚水，但他忍住不願意哭出來。的確很像媽媽的湯，他們已經很久沒喝過了。這碗湯裡有炒得香香的大蒜丁，漂浮像雲朵一樣的蛋花，還有淡淡的白酒醋香味，他用木湯匙舀了一口送入嘴裡，與媽媽不一樣的是，媽媽的湯還會加上隔夜的乾麵包，是家裡常吃的晚餐，媽媽不在了以後，晚上只有冷開水和乾麵包。

「你們叫什麼名字？怎麼到這裡的？」安靜坐在一旁的大野狼，一直等到他們吃飽才終於開口。熱湯讓漢斯放鬆了一些些，他說了被騙到森林裡拋棄的經過，差點被壞巫婆吃掉，還有他和葛麗特逃跑後迷了路，直到看到光線，就昏倒了。

「可憐的孩子……」大野狼心裡想。「已經很晚了，今天晚上你們好好休息，明天再來想辦法。」

漢斯心裡仍懷疑著，只能先度過這晚再說。

第二天天剛亮的時候，漢斯已經醒來，他輕聲喚醒了葛麗特，幫睡眼惺忪的她穿好外套，再次躡手躡腳的走出房間，打開咖啡屋的大門，外面的雪已經停了，是個清朗的早晨，大野狼還沒醒來。他們悄悄的關上大門，往森林的深處走去，一直走到看不見咖啡屋的屋頂，漢斯這才發現，袋子裡有一個新鮮的麵包布丁，還溫溫的，昨晚大野狼一定忙到很晚很晚，他用袖子擦乾不自覺流下的淚水，另一手把妹妹牽得更緊，堅定的向前方的路邁進。

大野狼聽到咖啡屋大門被關上的聲音，知道他們已經離開，他衷心希望漢斯和葛麗特可以平安回到家。

培根麵包布丁

（鹹T一ㄢˊ口ㄎㄡˇ味ㄨㄟˋ）

[材料] 圓形烤模：直徑 12 公分、深 4 公分

· 土司麵包	3、4 片	· 培根	2 片
（或法國長棍麵包 1/2 條）		· 蜂蜜	1 大匙
· 雞蛋	2 個	· 鹽	1/2 小匙
· 牛奶	約 250 毫升	· 黑胡椒粉	適量
（雞蛋加牛奶最好有 400 毫升的液體量）		· 奶油	適量
· 帕瑪森起士粉	4 大匙	· 香菜	1 支（只使用葉子）

作ㄗㄨㄛˋ法ㄈㄚˇ

❶ 培ㄆㄟˊ根ㄍㄣ切ㄑㄧㄝ小ㄒㄧㄠˇ塊ㄎㄨㄞˋ。

❷ 放ㄈㄤˋ入ㄖㄨˋ微ㄨㄟˊ波ㄅㄛ爐ㄌㄨˊ中ㄓㄨㄥ加ㄐㄧㄚ蓋ㄍㄞˋ，
加ㄐㄧㄚ熱ㄖㄜˋ 30 秒ㄇㄧㄠˇ爆ㄅㄠˋ香ㄒㄧㄤ。

❸ 雞蛋打散，加入牛奶、蜂蜜、起士粉 3 大匙，用適量的鹽和胡椒粉調味。

❹ 麵包剝小塊，放入 ❸ 蛋奶液中充分浸泡。

❺ 烤盤內塗一層奶油備用。

❻ 浸溼的麵包排入烤盤中，均勻撒上爆香的培根片。
加上麵包。
撒上培根片。
刨一些起士粉。
撒上切碎的香菜葉。

❼ 烤箱預熱至 180℃，以 180℃，烤 30 ～ 40 分鐘。

---

*　麵包可以選出爐幾天，比較乾燥的老麵包。

**　香菜與培根味道十分契合，不喜歡的話也可用巴西利葉、羅勒葉、青蔥或迷迭香代替。

*** 烤箱可能因功能、機種不同，烘焙時，需按實際狀況調整烤箱預熱、烘烤的溫度和時間。

麵包布丁

（ 甜口味 ）

[材料]長方形小烤盤：16×11×4 公分

· 法國長棍麵包 ⋯⋯⋯⋯⋯ 1/2 條
· 雞蛋 ⋯⋯⋯⋯⋯⋯⋯ 2、3 個
· 牛奶 ⋯⋯⋯⋯⋯⋯ 300 毫升
· 細糖 ⋯⋯⋯⋯⋯⋯ 100 公克
· 肉桂粉 ⋯⋯⋯⋯⋯ 1/2 小匙

· 豆蔻粉 ⋯ 1 小匙（ 或香草精適量 ）
· 奶油 ⋯⋯⋯⋯⋯⋯⋯ 10 公克
· 果乾 ⋯⋯⋯⋯⋯⋯ 適量（ 蔓
越莓、葡萄乾、或切碎的金棗乾 ）
· 柳橙果醬 ⋯⋯⋯⋯⋯⋯ 適量

作法

❶ 烤箱預熱至 180℃。

❷ 烤盤內塗一層奶油備用。

❸ 雞蛋打散，加入牛奶、細糖、肉桂粉、豆蔻粉，或香草精攪拌均勻。

❹ 長棍麵包剝小塊，浸漬在蛋奶液裡。

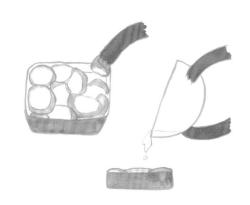

❺ 麵包排放至烤模中。

❻ 剩餘的蛋奶液倒入麵包縫隙中，盡量填至烤盤九分滿的位置。

❼ 準備果乾，顆粒太大的要切碎。

❽ 表面塗一層柳橙果醬，撒上果乾。

❾ 放入烤箱以 180℃，烤 20 ～ 25 分鐘。

*   雞蛋和牛奶加起來最好有五百毫升的量。

**   不喜歡香料可以改放天然香草精四分之一小匙。

*** 烤箱可能因功能、機種不同，烘焙時，需按實際狀況調整烤箱預熱、烘烤的溫度和時間。

香蒜蛋花湯

[材料]

· 大蒜 ⋯⋯⋯⋯ 3、4 瓣　· 白酒醋 ⋯⋯⋯⋯ 1 大匙　· 鹽 ⋯⋯⋯⋯ 適量
· 蛋 ⋯⋯⋯⋯ 2 顆　· 橄欖油 ⋯⋯⋯⋯ 1 大匙　· 黑胡椒 ⋯⋯⋯⋯ 適量

作法

❶ 大蒜搗成
碎末。

❷ 用橄欖油
小火炒到
金黃。

❸ 加適量的
水煮開。

❹ 打蛋。

❺ 蛋液倒入香蒜湯
中，煮成蛋花。

❻ 用適量的鹽、
黑胡椒調味。

❼ 加入適量的
白酒醋。

蜂蜜

- 蜂蜜是蜜蜂採集花蜜、花粉，釀造而成的天然甜分。

- 臺灣直到一九七〇年左右，才進入專業大規模的養蜂事業，主要的養蜂區域在中南部，蜂種是日治時期引進的義大利蜂。

- 主要的蜜源植物為龍眼與荔枝，其次為柑橘、烏桕、咸豐草……等。

- 蜜蜂是許多植物授粉時的重要媒介，也是農業生產上的重要幫手，為避免傷害蜜蜂與其他野生昆蟲的生態，應減少使用農藥與除草劑。

社會關懷與服務、社會救助

❶ 童話故事中，漢斯和葛麗特的爸媽遺棄了他們。在臺灣，我們重視兒童人權與保護，致力保障小孩的人身安全、食物溫飽、教育權利……等，所以類似漢斯爸媽遺棄小孩的行為已經違法。

❷ 如果漢斯和葛麗特年紀不滿六歲，或是需要特別照顧，也不可以單獨在家，一定要有大人陪伴。想一想，你覺得這樣的規定是為什麼？

我覺得：

❸ 如果漢斯和葛麗特生活在現代，你可以給他們什麼建議或幫助呢？例如告訴老師、其他長輩，請他們幫助漢斯。還是你有其他方法？

我覺得：

❹ 故事中大野狼短期提供食物、給予收容保護的心意雖然好，但是如果生活在現代，你覺得大野狼應該要怎麼做，才能真正幫助到漢斯和葛麗特？

我覺得：

5 漢斯的爸媽因為家庭經濟窘困、食物不足而遺棄小孩，但現在國家設有社會救助服務，如果家裡遭遇重大變故，可以向地方政府或社會機構求助，請求提供一定的生活扶助津貼，協助度過難關。

第九章

香噴噴
的邀請函

滿滿關懷與友誼
的卡酥來豆燉肉

聖誕節過後，大野狼咖啡屋就休息沒營業了。雪像糖粉般一直下一直下，路都被埋沒了，大家也都關在屋子裡，每個人都覺得好無聊、好無聊，很想念可以去咖啡屋喝杯茶或咖啡，吃片小餅乾、小蛋糕的悠閒。

七隻小羊打鬧和互相告狀吵鬧，羊媽媽頭都快炸了。

三隻小豬不管吃了什麼，都還是覺得肚子餓，但他們一點也不想靠近大野狼咖啡屋。

彼得因為事情老是沒做好，被爺爺罵到快臭頭。

小紅帽的媽媽整天都在擔心森林另一邊的外婆有沒有傷風感冒。小紅帽則自顧

自己的戴著耳機聽音樂，陶醉在旋律中。

外婆只能窩在爐火前面，織毛線打發時間。

三個獵人在家裡，不是喝得醉醺醺的，就是唉聲嘆氣，不能外出打獵，根本就像在坐牢。

大野狼在做什麼呢？他躺在床上休息，因為得了重感冒。

終於，彼得受不了爺爺如雷的吼聲，偷偷關上大門出去了。雪剛停歇，一腳踩進一尺深的積雪裡，到底該去哪裡好呢？他想到了大野狼咖啡屋。「唏唰、唏唰、唏唰……」一步一步向前邁進，快到大野狼咖啡屋時，他覺得有些奇怪，煙囪沒有煙，屋子裡看起來暗暗的，像是沒有人的樣子。彼得繞著大野狼的花園走了一圈，聽到好幾個連續巨大的噴嚏聲，大野狼應該在屋子裡，他敲敲玻璃窗，沒有回應。

彼得回家告訴爺爺大野狼傷風感冒了，於是，消息就咻咻咻的傳遍了森林。自以為是常客的森林居民們，都認為應該禮貌性的去探病，關在家中許多天了，總算有件事情可以出門晃晃。

　　最早來到大野狼咖啡屋的是獵人，敲了門還等不到回應，他們就留下了一堆山豬培根、野味香腸，迫不及待的向森林出發，去尋找下一個獵物。

　　七隻小羊照著羊媽媽的吩咐，送來了一罐羊奶，這次沒人頑皮，羊奶整罐好好的，沒有打翻。

　　接著是好奇心作祟，只是想來看熱鬧的三隻小豬，他們不覺得該送食物給可怕的大野狼。

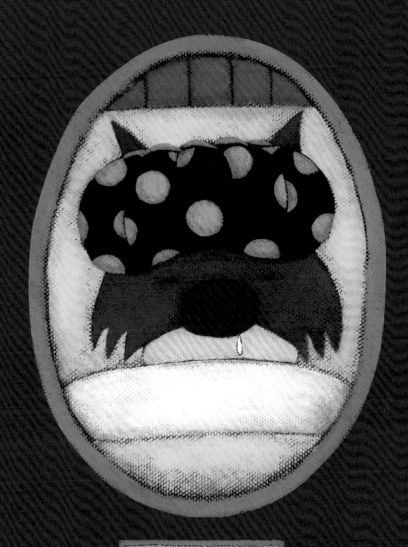

生病的大野狼

彼得與爺爺站在門口敲門敲了許久，沒人開門。彼得堅持一定要看到大野狼，於是爺爺決定不理會愛鬧彆扭的小孩，留下自己種的一籃溫室胡蘿蔔就回去了。

　　外婆獨自前來，她提不了重物，沒帶什麼，但是她懷抱著一個小布袋，裡面裝了一些香料和薑，她覺得大野狼傷風感冒，一定要多喝溫暖的飲料。

　　媽媽和小紅帽來得最晚，但剛好遇到外婆與彼得，這時大野狼咖啡屋的門口，慰問的禮物已經堆成小山丘了。

　　小紅帽與彼得拚命用力的敲門，還是沒有回應。小紅帽繞著屋子尋找，想找找有沒有哪個門或窗戶沒上鎖的，最後找到了廚房後門上小小的貓門。大野狼沒有養貓，這個門是原本就有的。貓門很小，小紅帽脫下笨重的外套，順利的把自己塞進去，進到了廚房，打開門讓大家進來。屋子

裡還真冷，跟外面沒有太多的溫差，外婆
和媽媽去查看大野狼的時候，要彼得和小紅
帽趕緊生火。她們輕輕推開房間的門，
終於看見了發高燒昏睡的大野狼。

　　火已經生好，屋子慢慢溫暖了起來。
小紅帽到屋外鏟了一盆雪進來，她和彼得
輪流用雪浸溼的毛巾幫大野狼退燒，媽媽
和外婆在廚房忙了起來，大野狼雖然存糧
不少，可以馬上吃的卻不多。外婆用薑、
香料和羊奶熬煮了熱奶茶，媽媽也幫大野
狼煮了麥片粥。此刻大野狼咖啡屋的廚房
裡，就和平日一樣充滿著食物的香氣，只
是忙進忙出的不是大野狼。

大野狼終於退燒了，薑味熱奶茶讓他喝了全身冒汗。隔天他可以起床時，媽媽煮的麥片粥在爐子上保溫，還是熱熱的，大野狼也覺得心裡暖暖的，因為大家的照顧，這次他好得很快。

　　當大野狼可以進廚房時，在儲藏室發現了成堆的慰問禮物，有培根、肉腸、胡蘿蔔，還有小紅帽跟媽媽帶來的洋蔥、芹菜根。他找來了一個大砂鍋，把所有的食物放進去，也沒忘了自己做的油封鴨和一大罐燉豆。

　　大家送的禮物集合起來，剛好可以做卡酥來豆燉肉，一開始要先放在爐子上慢慢的燉。

　　卡酥來豆燉肉熬煮了一天一夜，湯汁咕嚕咕嚕的作響，那個香味膏腴油潤，瀰漫在咖啡屋裡，接著靜置一夜。

　　第二天，大野狼撒上特別調製的香料麵包粉，將整鍋豆燉肉放入烤箱炙烤，噗滋噗滋的肉燉豆，迷人的香味一直一直飄出去。

　　飄到七隻小羊的家，飄過了森林，彼得和爺爺也聞到了，外婆和媽媽一聞，就知道這是什麼好料，小紅帽覺得味道還可以，三隻小豬、獵人們都聞到了，當然是飢腸轆轆。

　　這陣香味就好像邀請函一樣，整個森林的居民都收到了，當卡酥來豆燉肉快做好前的一個小時，大野狼拜託了早就圍在咖啡屋外等候的烏鴉們，通知大家快來享用。

大野狼的好朋友都來到了咖啡屋，一起享用香噴噴的豆燉肉。之前大家帶來的探病禮物，變成了最暖心美味的料理，豆燉肉就像他們的友誼一樣，可以不斷的添加風味，隨著時間的加長，也慢慢的越來越有滋味。他們還用香料紅酒和熱蘋果汁一起乾杯，向得來不易的友誼致敬。最後，大野狼端出了美味的胡蘿蔔蛋糕，作為完美一餐的結尾。

　　漫漫冬日，森林裡的居民因為友誼而更加溫暖，大家都好期待春天到來，到時，大野狼咖啡屋會推出更美味的新菜色。至於一直不敢來的三隻小豬呢？大野狼決定要幫他們設計特別的菜單，專屬於三隻小豬的美味饗宴。

卡酥來豆燉肉

（速成版）

[材料] 4 人份

・燉豆 1 罐	・胡蘿蔔 2 根	・月桂葉 2 片
・煙燻培根 100 公克	（中型，切小塊）	・百里香 2 匙
・豬肋排 300 公克	・西洋芹 1/2 棵（切段）	・迷迭香 1 支
・歐式肉腸 4 條	・洋蔥 2 顆（切絲）	・鹽、黑胡椒 適量
・油封鴨腿 1 支	・大蒜 3、4 瓣	・麵包屑 1 杯
・豬油或鴨油 1 大匙	（不去膜）	

 作法

❶ 鑄鐵鍋放入豬油，將歐式肉腸、豬肋排煎成焦黃，取出備用。

❷ 將煙燻培根切小塊，與切好的胡蘿蔔、西洋芹、洋蔥和大蒜一起放入鍋中拌炒。

❸ 放入煎好的豬肋排、燉豆罐頭、月桂葉、百里香1匙、迷迭香，加水淹過食材。

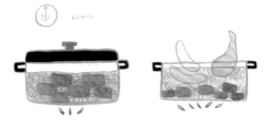

❹ 小火燉煮1小時。

❺ 加入油封鴨腿、歐式肉腸，以適量的鹽和黑胡椒調味。

❻ 麵包屑與1匙百里香混合均勻。

❼ 灑在鐵鍋食材表面。

❽ 放入已預熱至160℃的烤箱裡，烘烤1小時至表面金黃酥脆。若沒有食用完畢，隔天、再隔天仍可以繼續添加不同的食材燉煮，越煮越美味。

* 傳統的卡酥來豆燉肉，從準備食材開始，至少需要三天的烹煮和一天的靜置，有些地方的私房食譜甚至長達七日，每天添加不同的食材來增加料理的風味。

** 烤箱可能因功能、機種不同，烘焙時，需按實際狀況調整烤箱預熱、烘烤的溫度和時間。

胡蘿蔔蛋糕

[材料] 長型烤模 8×9×18 公分

胡蘿蔔蛋糕：

· 中筋麵粉 ················· 180 公克
· 奶油 ········ 200 公克（或橄欖油 200ml）
· 黑糖（或紅糖）··········· 180 公克
· 鹽 ······················ 1/2 小匙
· 綜合香料粉　2 小匙（四香粉或多香果粉）
· 肉桂粉 ···················· 1/2 小匙

· 發粉 ······················ 1 小匙
· 蛋 ························ 3 顆
· 胡蘿蔔 ··················· 100 公克

奶油起士糖霜：

· 奶油起士 ················· 200 公克
· 奶油 ····················· 200 公克
· 糖粉 ····················· 100 公克

胡蘿蔔蛋糕作法：

❶ 蛋糕模型塗上奶油、
灑上麵粉備用。

❷ 胡蘿蔔切碎末。

❸ 奶油放至室
溫，加入黑糖
攪拌，打發。

④ 加入雞蛋攪拌（一次 1 顆）。

⑤ 麵粉和所有的香料、發粉、鹽一起過篩，加入④料中，用橡皮刀拌勻。

⑥ 加入胡蘿蔔末拌勻。

⑦ 倒入烤模。

⑧ 頂部用刀劃一一刀。

⑨ 烤箱預熱至 190℃，用 180℃烤 40 分鐘以上，插入細竹籤沒有沾黏麵糊即可。

起士奶油糖霜作法：

⑩ 奶油起士和奶油放至室溫，先將奶油、糖粉打發後，再加入奶油起士打均勻，要冷藏。塗抹在完全冷卻後的蛋糕上。

薑味香料熱奶茶

[材料]

- 紅茶葉————2～3 大匙
- 水————300 毫升
- 鮮奶————300 毫升
- 薑片————2～4 片
- 肉桂棒————1 支
  （或肉桂粉 1/2 茶匙）
- 八角————1 粒
- 丁香————10 粒
- 乾橙皮————1 茶匙
- 豆蔻粉————1/2 茶匙

 作法

❶ 取單柄鍋將水燒開，放入茶葉。

❷ 薑片（可以略拍一下）、肉桂、八角、丁香，如果使用乾橙皮也一併加入，熬煮一下。加入鮮奶攪拌，煮至快要沸騰，熄火。

❸ 過濾，加入一些豆蔻粉提味，可以加冰糖或蜂蜜，趁熱飲用。

＊ 喉嚨痛時不宜熱飲。

香料熱柳橙汁

[材料]

· 柳橙汁⋯⋯⋯200～350 毫升
· 丁香⋯⋯⋯⋯⋯⋯⋯⋯3 粒
· 新鮮柳橙皮⋯⋯⋯⋯⋯1 片

作法

❶ 柳橙汁加熱。

❷ 柳橙皮洗淨，切成 1 公分寬、
3 公分長左右的長條，中間用
刀劃開一道切口，但別切斷，
塞入 3 粒丁香，放入熱柳橙汁
中裝飾，添加香氣。

香料熱蘋果汁

[材料]

· 蘋果汁⋯⋯⋯⋯200 ～ 350 毫升
· 新鮮蘋果⋯⋯⋯⋯⋯⋯1/4 個
· 肉桂棒 ⋯⋯⋯1 支（不要使用
　肉桂粉，以免果汁顏色變濁）

作法

❶ 蘋果汁倒入鍋中，與肉桂棒一起加熱。

❷ 如果覺得太甜可以添加適量的水。

❸ 蘋果去芯連皮切薄片，放入熱蘋果汁中。

胡蘿蔔

- 原產於亞洲西南部，除了熟悉的橘紅色，還有白、黃和紫等顏色。

- 臺灣於日治時期引進栽培，主要產區在臺南、彰化與雲林，產季為十一月至四月。

- 胡蘿蔔很甜美，富含維生素 A 及 C、礦物質以及膳食纖維，是營養很好的根莖類蔬菜。

- 維生素 A 為脂溶性，烹調時需要加入油脂才有利吸收。

- 胡蘿蔔又稱紅蘿蔔，與白蘿蔔在中文上雖然都稱為蘿蔔，但兩者不同科，毫無關係。

- 兔子愛吃胡蘿蔔是錯誤的刻板印象，事實上，最好不要餵食太多胡蘿蔔，兔子無法消化。

人際互動與經營、社會關懷與服務

① 如果你傷風感冒或得了腸病毒、流感，你知道怎麼照顧自己、保護別人嗎？

我覺得：

② 生病時除了醫療照護之外，水分和營養的補充也是非常重要，能幫助身體盡快恢復健康。除了補充水分和營養，你知道還有什麼方法嗎？或是你生病時，大人是怎麼照顧你的呢？

我覺得：

❸ 生病很辛苦，也很需要獲得朋友的關懷；假如你的朋友生病了，不能上學，你覺得應該怎麼傳達自己的關懷呢？

我覺得：

❹ 自從 COVID-19 疫情肆虐全世界，我們都學會了勤洗手、戴口罩、保持社交距離等預防措施，為了保護自己也保護他人的健康。你還知道其他保護健康的方法嗎？

我覺得：

小麥田

繪本館

大野狼的餐桌

不吃小紅帽、款待三隻小豬……31 道美食翻轉經典童話，
做料理、聽思辨故事，餐桌的公民素養課

作　　　　者	陶樂蒂	
繪　　　　圖	陶樂蒂	
封面・內頁設計	林佳瑩 PieceFive	
主　　　　編	汪郁潔	
責 任 編 輯	蔡依帆	

國 際 版 權	吳玲緯
行　　　銷	闕志勳 吳宇軒 余一霞
業　　　務	李再星 李振東 陳美燕
總 編 輯	巫維珍
編 輯 總 監	劉麗真
事 業 群 總 經 理	謝至平
發 行 人	何飛鵬
出　　　版	小麥田出版
	115 台北市南港區昆陽街 16 號 4 樓
	電話：(02)2500-0888
	傳真：(02)2500-1951
發　　　行	英屬蓋曼群島商家庭傳媒股份有限公司
	城邦分公司
	115 台北市南港區昆陽街 16 號 8 樓
	網址：http://www.cite.com.tw
	客服專線：(02)2500-7718	2500-7719
	24 小時傳真專線：(02)2500-1990	2500-1991
	服務時間：週一至週五 09:30-12:00	13:30-17:00
	劃撥帳號：19863813　戶名：書虫股份有限公司
	讀者服務信箱：service@readingclub.com.tw
香 港 發 行 所	城邦 (香港) 出版集團有限公司
	香港九龍土瓜灣土瓜灣道 86 號順聯工業大廈 6 樓 A 室
	電話：852-2508 6231
	傳真：852-2578 9337
馬 新 發 行 所	城邦 (馬新) 出版集團 Cite (M) Sdn Bhd.
	41-3, Jalan Radin Anum,
	Bandar Baru Sri Petaling,
	57000 Kuala Lumpur, Malaysia.
	電話：+6(03) 9056 3833
	傳真：+6(03) 9057 6622
	讀者服務信箱：services@cite.my
麥 田 部 落 格	http://ryefield.pixnet.net
印　　　刷	漾格科技股份有限公司
初　　　版	2021 年 11 月
初 版 二 刷	2024 年 8 月
售　　　價	399 元

國家圖書館出版品預行編目資料

大野狼的餐桌：不吃小紅帽、款待三
隻小豬……31 道美食翻轉經典童話，
做料理、聽思辨故事，餐桌的公民素
養課／陶樂蒂作 .
-- 初版 .-- 臺北市 : 小麥田出版 : 英屬
蓋曼群島商家庭傳媒股份有限公司城
邦分公司發行 ,2021.11
面 ; 公分 .--（小麥田繪本館）
ISBN 978-626-7000-21-2（平裝）

1. 公民教育 2. 兒童教育
528.3　　　　　　110015388

城邦讀書花園
www.cite.com.tw
書店網址：www.cite.com.tw

版權所有 翻印必究
ISBN　978-626-7000-21-2
EISBN 978-626-7000-23-6 (EPUB)
本書若有缺頁、破損、裝訂錯誤，請寄回更換。

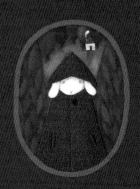